버려라
타인과 친해지는 두려움

나를 바꾸는 여섯 가지 친밀

Intimacy - Trusting Oneself and the Other

Copyright © 2001 Osho International Foundation, www.osho.com/copyrights
Korean translation copyright © 2025 TAE-IL Publishing Company
This Korean edition was arranged with Osho International Foundation, Switzerland through Best Literary & Rights Agency, Korea
All rights reserved.
Original English: Intimacy - Trusting Oneself and the Other
OSHO® is a registered trademark of Osho International Foundation, www.osho.com/trademarks
The content of this book is selected from various talks by Osho given over time to a live audience. All of Osho's talks have been published in full as books and are also available as original audio recordings. Audio recordings and the complete text archive can be found via the online OSHO Library at www.osho.com/library

이 책의 한국어판 저작권은 베스트에이전시를 통한
원저작권자와의 독점계약으로 도서출판 태일에 있습니다.
신저작권법에 의해 한국 내에서 보호를 받는 저작물이므로 무단전재와 무단복제를 금합니다.

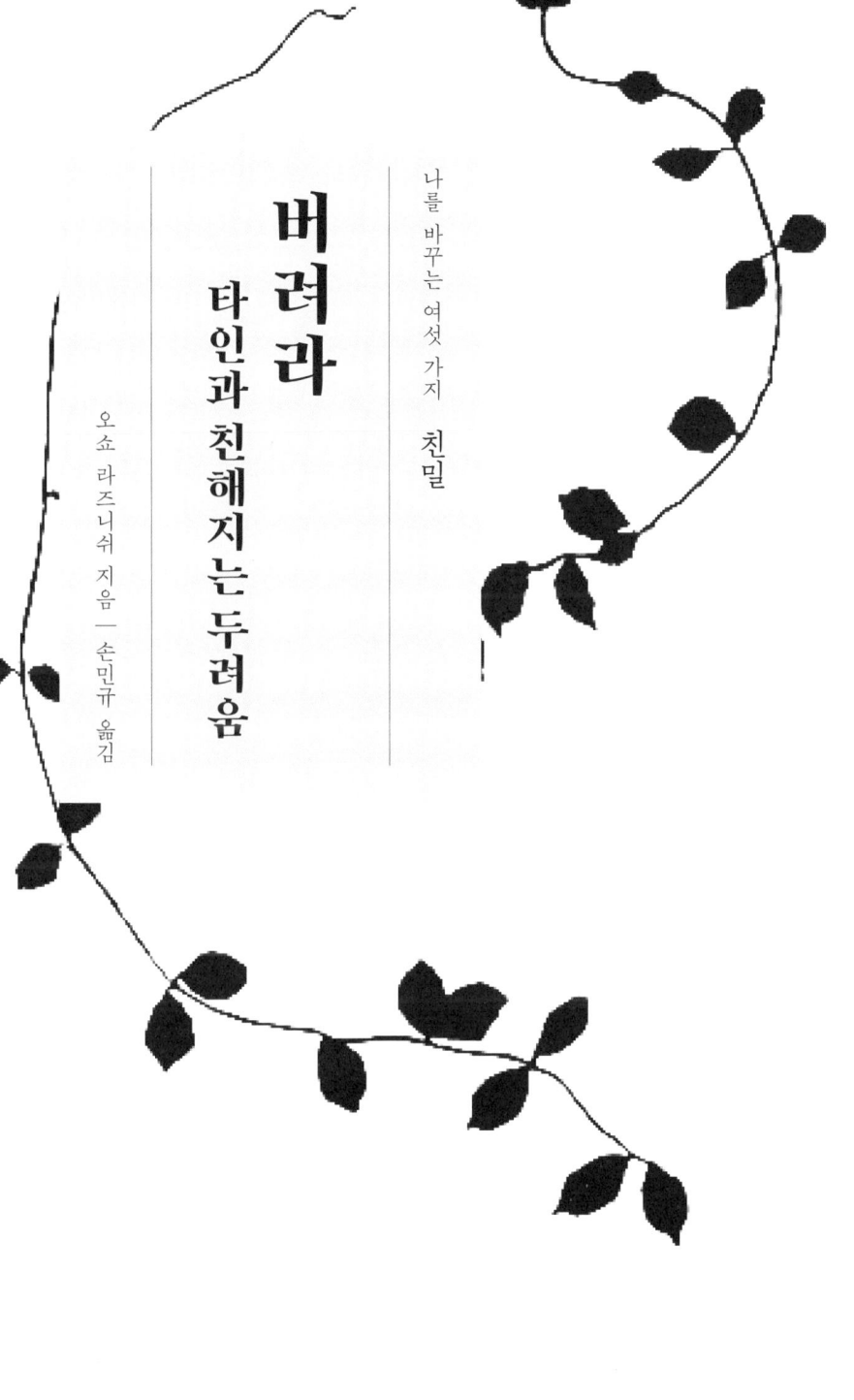

버려라
타인과 친해지는 두려움

나를 바꾸는 여섯 가지 친밀

오쇼 라즈니쉬 지음 ― 손민규 옮김

친밀 : 버려라! 타인과 친해지는 두려움

펴 낸 날 | 2007년 1월 30일 초판 1쇄
　　　　　2025년 11월 1일 개정판 1쇄

지 은 이 | 오쇼 라즈니쉬
옮 긴 이 | 손민규
펴 낸 이 | 이태권
펴 낸 곳 | 태일출판사
　　　　　서울특별시 성북구 성북로5길 12 소담빌딩 301호 (우) 02880
　　　　　전화 | 02-745-8566　　팩스 | 02-747-3238
　　　　　등록번호 | 1979년 11월 14일 제6-58호
　　　　　e - mail | sodambooks@naver.com
　　　　　홈페이지 | www.dreamsodam.co.kr

ISBN 979-11-6027-488-2 (04150)
　　　979-11-6027-484-4 (세트)

- 책값은 뒤표지에 있습니다.
- 잘못된 책은 구입하신 곳에서 교환해드립니다.

소박하고 사랑으로 충만한 사람,
열린 가슴과 친밀함을 지닌 사람은
자신의 주변에 천국을 만들어낸다.

| 차례 |

머리말   9

그대 자신과 친해지는 길   25
   그대가 존재하는 그 지점에서 출발하라   29
   자기 자신에 대한 앎은
       깊은 홀로 있음 속에서만 가능하다   40
   오로지 진실하라   44
   진실은 논리적인 것이 아니다   53
   그대 내면의 소리에 귀를 기울여라   58
   그대 자신을 신뢰하라   61

타인과 친해지는 길   77
   자신의 내면을 보여주는 용기   79
   개인적 삶의 필요성   83
   교류와 관계   94
   진실해지려면 위험을 감수하라   99
   침묵의 언어를 배워라   107

네 개의 함정   111
    반동의 습관   113
    안전망에 매달리기   119
    그림자와 싸우기   131
    거짓된 가치   154

변형의 수단   163
    그대 자신을 받아들여라   165
    그대의 문을 열어라   173
    이기적인 사람이 되어라   201
    명상 기법   207

친밀함으로 가는 길   217
    질의응답   219

저자에 대해   255

오쇼 국제 명상 휴양지   259

머리말

　모든 사람이 타인과 친해지는 것을 두려워한다. 스스로 이런 사실을 인식하고 있느냐 아니냐 하는 차이가 있을 뿐이다. 친해진다는 것은 타인 앞에 그대 자신을 드러내는 것을 의미한다. 그런데 우리는 모두 서로가 이방인이며 타인이다. 아무도 타인에 대해 알지 못한다. 심지어 우리는 자기 자신에 대해서도 이방인이다. 우리는 우리 자신이 누구인지 모른다.

　친해진다는 것은 타인과 가까워지는 것이고, 그러기 위해서는 그대가 구축해 놓은 모든 방어벽을 허물어야 한다. 그래야만 친해질 수 있다. 그런데 여기에는 두려움이 앞선다. 그대가 위선의 가면을 벗고 방어벽을 철거했을 때 타인이 무슨 짓을 할지 모른다. 그래서 우리는 온갖 것들을 감추고 내보이지 않는다. 타인들에게 뿐만 아니라 우리 자신에 대해서도 그렇다. 인류는 온갖 억압과 금기, 터부Taboo로 인해 심각한 질병에 걸린 상태이며, 우리는 그런 사람들에 의해 교육받고 그런 사람들 틈에서 자라 왔다. 그러므로 우리는 타인과 함께 있을 때 일정한 거리를 유지하는 것이 더 안전하다고 느낀다. 그 상대방이 그대와 삼사십 년을 함께 지낸 사람이라고 해도 마찬가지다. 그가 타인이라는 사실은 변하지 않는다. 그래서 우리는 방어막을 치고 어느 정도 거리를 유지한다. 왜냐하면 상대방이 그대의 약점과 허점을 파고들어 기선을 제압할지도 모르기 때문이다.

모든 인간이 타인과 친해지는 것을 꺼리면서 한편으로는 친해지기를 갈망한다. 이로 인해 문제가 더 복잡해진다. 인간은 누구나 친밀함을 원한다. 친구도 없고 사랑하는 사람도 없다면, 믿을 사람도 없고 마음의 문을 열고 그대의 상처까지 내보일 수 있는 사람도 없다면 그대는 이 광막한 우주 공간에서 혼자 외로움을 달래야 할 것이다. 치료하기 위해서는 상처를 드러내야 한다. 무작정 봉합하고 감출수록 상처는 더 심각해진다. 어쩌면 암처럼 치명적인 병으로 발전할지도 모른다.

친밀함에 대한 갈망은 기본적인 욕구이다. 모든 사람이 그것을 열망한다. 그대는 상대방과 친해지기를 원하고, 상대방이 방어막을 거두고 마음속의 상처까지 보여 주었으면 하고 바란다. 그가 위선과 가면을 벗어던지고 있는 그대로의 모습을 보여 주기를 원한다. 그런데 한편으로는 모든 사람이 타인과 친해지는 것을 두려워한다. 그대는 타인과 친해지기를 원하면서도 견고한 방어벽을 쌓아 두고 그것을 허물려고 하지 않는다. 이것이 친구와 연인들 사이에 갈등이 빚어지는 주요한 원인 중의 하나이다. 아무도 자신의 방어벽을 허물려고 하지 않는다. 아무도 마음의 문을 열고 진솔한 모습을 보여주지 않는다. 그러면서 서로가 친해지기를 원한다.

우리는 종교, 문화, 사회, 부모, 교육을 통해 주어진 온갖 억압과 금기에 익숙해져 있다. 이런 것들을 버리지 않는 한 누군가와 친해지는 것은 불가능하다.

이런 억압과 금기에 물들어 있지 않은 사람은 심리적 상처 또한 없다. 소박하고 자연스러운 삶을 산 사람은 친밀함에 대한 공포심이 없다. 그는 두 개의 불꽃이 만나 하나가 되는 데서 오는 무한한 기쁨을 안다. 타인과의 만남이 지극한 만족감과 감사함을 안겨 줄 것이다. 그러나 이런 친밀감을 얻으려고 하기 전에 먼저 그대 자신을 깨끗하게 청소해야 한다.

오직 명상을 아는 사람만이 진정한 친밀함을 허용한다. 그는 아무것도 감추지 않는다. '상대방이 눈치를 채면 어쩌나' 하는 두려움을 그는 버린 지 오래다. 그의 가슴은 침묵과 사랑으로 충만하다.

먼저 그대 자신을 완전히 받아들이고 수용해야 한다. 그대 자신조차 받아들이지 않으면서 어떻게 타인에게 그대를 인정해 주기를 기대하겠는가? 그대는 어릴 적부터 주변의 모든 사람으로부터 비난받아 왔다. 그대가 아는 것이라곤 오직 하나, 자기 비난Self-condemnation 밖에 없다. 그대는 계속해서 자신의 모습을 감추고, 다른 사람들에게 그것을 보여 주는 것은 좋지 못한 일이라고 여긴다. 그대는 자기 안에 추하고 사악한 요소가 숨어 있음을 안다. 자기 안에 동물적인 속성이 숨어 있음을 안다. 그러나 그대 자신을 동물로 받아들이지 않는 한…….

'동물Animal'이라는 말은 나쁜 말이 아니다. 이 말은 단순히 살아 있음을 뜻하는 Anima에서 나왔다. 그러므로 살아 있는 사람은 누구나 동물인 셈이다. 우리는 어려서부터 "동물은 너보다 훨씬 열등한 존재이다. 너는 동물이 아니라 인간이다."라고 교육받았다. 그대는 인간으로서 우월감을 느끼도록 세뇌되었다. 그러나 이런 우월감은 거짓된 것이다. 진실을 말한다면, 이 존재계에는 우월한 것도 없고 열등한 것도 없다. 존재계에 있는 모든 것이 평등하다. 나무, 새, 동물, 인간……. 이 존재계는 모든 것을 있는 그대로 인정하고 받아들인다. 어떠한 비난도 퍼붓지 않는다.

아무 조건 없이 그대 자신의 성욕을 인정한다면 인간을 비롯한 모든 생명체가 연약한 존재이며, 우리의 생명이란 가느다란 실과 같이 어느 순간에도 끊어질 수 있다는 사실을 인정한다면……. 일단 이런 사실을 받아들이면 그대는 거짓된 에고에서 벗어난다. 알렉산더 대왕이나 무하마드 알리처럼 특별한 존재라는 에고를 떨쳐 버리고, 모든 인간은 평범하고 약한 모습 그대로 아름답다는 사실을 이해하라.

이 평범함과 허약함은 인간의 본질적인 속성이다. 우리는 강철이 아니라 연약한 몸으로 만들어졌다. 우리의 생명은 화씨 98도에서 110도 사이에서만 유지된다. 단 12도 사이에 걸쳐 있는 것이 우리의 생명이다. 그 이하로 내려가거나 그 이상으로 올라가면 목숨을 잃는다. 우리의 속성 가운데 수많은 것들이 이처럼 연하고 부서지기 쉬운 것이다.

인간의 기본적인 욕망 가운데 하나는 다른 사람에게 필요한 존재가 되고 싶은 것이다. 누구나 타인에게 사랑받고 인정받는 존재가 되고 싶어 한다. 하지만 정작 이런 사실을 인정하는 사람은 드물다.

우리는 온갖 위선과 최면에 빠져 있다. 이것이 타인과 친해지기를 두려워하는 이유이다. 겉으로 보이는 모습은 진정한 그대가 아니다. 그대의 겉모습은 허구이다. 겉으로 성자처럼 보이는 사람도 속으로는 온갖 욕심과 갈망에 시달린다.

그대 자신을 완전히 받아들여라. 이것이 가장 먼저 해야 할 일이다. 온 인류를 미치광이 상태로 몰아온 전통적인 것들에 굴복하지 말고 그대 자신을 있는 그대로 받아들여라. 일단 그대 자신을 온전한 모습 그대로 인정하고 받아들이면 타인과 친해지는 것에 대한 두려움이 사라질 것이다. 그대는 타인들로부터 받아온 존경, 자신이 잘난 사람이라는 생각, 그대를 지배하고 있던 에고, 자신이 소중한 사람이라는 생각, 성스러운 척하던 태도, 이 모든 것을 잃을까 봐 걱정할 필요가 없다. 이제 그대는 스스로 이 모든 것을 포기했다. 이제 그대는 순진무구한 어린아이처럼 되었다. 이제 그대는 자신을 완전히 열어 보이는 데 거리낌이 없다. 오랜 억압으로 추하게 변질하였던 것들이 그대에게서 완전히 사라졌다. 이제 그대는 진실하다고 느끼는 것은 무엇이든지 망설임 없이 말할 준비가 되어 있다.

진실로 타인과 친해질 준비가 되어 있는 사람은 다른 사람 또한 그런 용기를 갖도록 북돋아 준다. 조금도 숨김없는 그대의 개방적 태도가 다른 사람들에게도 마음의 문을 열도록 용기를 줄 것이다. 가식 없는 그대의 진실함과 소박함이 다른 사람들 또한 순수함과 소박함, 사랑, 신뢰, 개방적인 마음을 갖도록 격려해 줄 것이다.

하지만 지금 그대는 어리석은 생각들로 가득 차 있다. 그리고 타인과 친해지면 그것을 들킬까 봐 두려워한다. 그러나 우리는 유약한 존재이다. 인간은 세상에서 가장 유약한 존재일 것이다. 동물의 세계에서 인간의 유아乳兒만큼 약한 생명체가 없다. 다른 동물의 새끼들은 부모나 가족이 없어도 살아남을 수 있지만, 인간의 유아는 즉시 죽음을 면치 못할 것이다. 이런 허약함은 비난의 대상이 아니다. 오히려 이것은 가장 높은 의식에서 나타나는 양상이다. 장미꽃은 아주 약하다. 장미는 돌처럼 단단하지 않다. 인간은 돌덩이가 아니라 장미꽃과 같다. 이것을 못마땅하게 생각할 필요가 없다.

두 사람이 만나 친밀함이 형성되었을 때 그들은 이제 이방인이 아니다. 그대만 허약한 게 아니라 다른 사람들도 그렇다. 더 높은 차원의 존재일수록 그 표현 양태는 더욱 허약하게 나타난다. 뿌리는 강하지만 꽃은 그렇게 강하지 않다. 꽃이 아름다운 이유는 강하지 않기 때문이다. 꽃은 아침이면 꽃잎을 열고 햇살을 반긴다. 산들바람에 흔들리고, 때로는 비를 맞으며 춤을 춘다. 그러다가 저녁이 되면 꽃잎은 지기 시작하고 그 생명이 다한다.

아름답고 소중한 것들은 무엇이든지 순간적이다. 그런데 그대는 모든 것이 영원하기를 바란다. 그대는 연인에게 "당신을 평생토록 사랑하겠습니다."하고 약속한다. 그러나 당장 코앞의 일도 불확실하다는 것은 누구보다도 그대 자신이 더 잘 알고 있다. 그대는 거짓 약속을 하고 있는 것이다. 그대가 말할 수 있는 것은 이런 말이 전부이다.

"지금 이 순간에는 당신을 사랑하고, 오직 당신에게만 전념할 것이오. 하지만 다음 순간에 대해서는 나도 장담하지 못하겠소. 불확실한 것을 어떻게 약속할 수 있겠소? 그러니 부디 나를 용서해 주기 바라오."

연인들은 지키지도 못할 약속을 늘어놓는다. 그러니 서로 절망하고 사이가 벌어지는 것은 당연한 일이다. 갈등의 골이 깊어지고 싸움이 잦아진다. 더 행복해져야 했을 삶이 아주 길고 지루한 불행의 드라마가 되어 버린다.

자신이 타인과 친해지기를 두려워하고 있음을 깨달음으로써 큰 전환점이 마련된다. 자신의 내면을 들여다보고 스스로 부끄럽다고 느끼는 것들을 떨쳐 버리기 시작한다면, 그리고 "나는 이러저러한 사람이 되어야 한다."라는 강박 관념에서 벗어나 자신의 본성을 있는 그대로 받아들인다면 이것은 획기적인 전환점이 된다. 나는 그대에게 어떠한 당위성Should도 가르치지 않는다. 모든 당위적 개념들은 인간에게 병을 심어 주었다. 우리는 그저 존재하는 것Isness의 아름다움, 자연스러운 상태 그대로의 빛나는 아름다움을 배워야 한다. 나무는 십계명을 모른다. 새들에게는 경전이 없다. 인간만이 스스로 불필요한 문제를 만들어낸다. 우리는 자신의 본성을 비난함으로써 스스로 분열되고 정신병적인 상태에 이르렀다.

보통 사람들만 그런 것이 아니라 지그문트 프로이트Sigmund Freud 처럼 비범한 인물도 마찬가지다. 인간의 마음을 이해하는 데 지대한 공헌을 한 그도 다를 게 없다. 그는 정신 분석이라는 방법을 사용했다. 무의식적인 것들을 끄집어내어 자각하도록 만들어야 한다는 것이다. 무의식에 가라앉아 있던 것을 일단 의식의 단계로 끌어올리면 그것은 증발하여 사라진다. 이것이 정신 분석이 효과를 발휘하는 비결이다. 무의식의 짐을 덜어냄으로써 그대는 더 투명하고 가벼워진다. 무의식적인 것이 적어질수록 의식이 차지하는 비중은 더 커진다. 무의식의 영역이 축소될수록 의식의 영역이 더 넓어진다.

이것은 틀림없는 진리이다. 동양은 수천 년 전부터 이에 대해 알고 있었지만, 서양에서는 프로이트가 이 방법을 도입한 최초의 인물이다. 물론 그는 동양의 심리학에 대해 아무것도 몰랐다. 이것은 순전히 그의 개인적인 발견이었다. 그러나 정작 그 자신은 단 한 번도 정신 분석을 받지 않았다. 이것은 놀라운 사실이다. 정신 분석을 창시한 본인이 한 번도 정신 분석을 받지 않았다. 그와 함께 일한 동료들은 "당신이 방법을 제시했고 우리는 모두 정신 분석을 받았습니다. 그런데 왜 당신은 정신 분석을 받지 않습니까?" 하고 물었다. 거듭해서 다그쳤지만, 그의 대답은 한결같이 "그런 생각은 집어치워라!"였다. 그는 자신을 폭로하는 것을 두려워했다. 위대한 인물로 추앙받고 있던 그도, 정신 분석을 받아 내면의 적나라한 모습이 드러나면 평범한 사람으로 격하될 것이 뻔했기 때문이다. 그 역시 다른 사람들과 마찬가지로 억눌려 있었고, 똑같은 공포심과 욕망을 가지고 있었다. 그는 다른 사람들의 꿈 이야기를 듣기만 했을 뿐, 자신의 꿈에 대해서는 전혀 이야기하지 않았다. 그의 동료들은 이런 사실이 못마땅했다. 그들은 "당신의 꿈에 대해 말씀해 주십시오. 우리의 연구에 큰 도움이 될 것입니다." 하고 말했지만 프로이트는 번번이 그 요구를 거절했다. 그는 정신 분석을 받는 소파에 누워 꿈 이야기를 들려 달라는 동료들의 요구를 절대로 들어주지 않았다. 왜냐하면 그의 꿈도 평범한 사람들의 꿈과 다를 게 없었기 때문이다. 프로이트는 이것이 폭로될까 봐 두려웠던 것이다.

고타마 붓다는 특정한 명상 방편을 고안함으로써 크게 기여했지만, 자신이 개발한 명상 속으로 들어가는 것을 두려워하지 않았을 것이다. 그는 정신 분석을 받는 것도 겁내지 않았을 것이다. 명상하는 사람에게서는 점차 꿈이 사라지고, 마침내 모든 꿈이 사라지는 때가 온다. 낮 동안에 그의 마음은 혼잡한 상념에 빠지지 않고 고요한 침묵을 유지한다. 그리고 밤이 되면 꿈도 없이 깊이 잠든다. 꿈이란 낮 동안에 실현되지 못한 생각과 욕망 외에 다른 것이 아니다. 그 욕망들이 꿈을 통해서라도 자신을 완성시키려고 하는 것이다.

자신의 남편이나 부인 꿈을 꾸는 사람은 아주 드물다. 대개는 이웃집 여자나 남자 꿈을 꾼다. 자신의 아내는 항상 곁에 있고 마음만 먹으면 언제든지 건드릴 수 있다. 그런데 이웃집 여자는 다르다. 언제나 그녀가 더 예뻐 보인다. 남의 떡이 더 커 보이는 것과 같다. 손에 넣기 힘든 것일수록 차지하고 싶은 욕망이 더 크게 일어나는 법이다. 낮에는 어쩔 도리가 없지만 꿈속에서는 가능하다. 최소한 꿈속에서는 무슨 짓을 하건 자유다.

아직은 어떤 국가도 꿈꾸는 자유를 박탈하지 않았다. 그러나 머지않아 그런 날이 올 것이다. 그대가 꿈을 꾸는지 아닌지 관찰할 수 있는 방법은 이미 개발되었다. 언젠가는 그대의 꿈을 영화처럼 스크린 위에 비추는 기계 장치가 개발될지도 모른다. 어떤 전자 칩을 그대의 머리에 심어 놓는 날이 올지도 모른다. 그러면 그대는 금방 잠들어 꿈을 꾸기 시작한다. 그대는 이웃집 여자와 정사를 나누는 황홀한 꿈을 꾸고, 다른 사람들은 영화를 보듯이 그것을 관람한다. 그들은 이 영화를 보면서 "이런 사람을 성자로 생각하고 있었다니!" 하고 놀랄 것이다.

지금도 어떤 사람이 꿈을 꾸는 중인지 관찰하는 것이 가능하다. 동공이 움직이지 않는다면 그는 꿈을 꾸는 것이 아니다. 만일 그가 꿈을 꾸는 중이라면 눈동자가 움직이는 게 보일 것이다.

언젠가는 사람들의 꿈을 영화처럼 화면에 비추는 날이 올지도 모른다. 또한 그대로 하여금 특정한 꿈을 꾸게 만드는 것이 가능해질지도 모른다. 그러나 아직까지는 어느 나라도 헌법에 "모든 국민은 꿈꿀 자유가 있다. 그것은 국민의 타고난 권리이다."라고 명시해 놓았다. 참으로 다행한 일이다.

고타마 붓다 같은 사람은 꿈꾸지 않는다. 명상은 마음을 넘어서는 길이다. 그는 하루 스물네 시간 내내 전적인 침묵을 유지한다. 그의 의식에는 잔물결 하나 일지 않는다. 사념도 없고 꿈도 없다.

그러나 지그문트 프로이트는 두려워했다. 그는 자신이 무엇을 꿈꾸고 있는지 잘 알고 있었기 때문이다.

체호프Chekhov, 고리키Gorky, 톨스토이Tolstoy, 이렇게 세 명의 러시아 소설가가 공원에 앉아 한담을 나누고 있었다. 그들은 절친한 친구였다. 이 세 사람은 오늘날까지도 명작으로 인정받는 작품을 남긴 대문호들이다. 만일 세상에서 가장 훌륭한 열 권의 소설책을 꼽으라면 적어도 그중에 다섯 권은 혁명 이전 러시아 문인들의 작품이 될 것이다.

체호프가 평생 겪은 여자들 이야기를 했고, 거기에 고리키가 끼어들어 몇 마디 보태고 있었다. 그러나 톨스토이는 입을 꾹 다물고 침묵을 지켰다. 톨스토이는 아주 정통적이고 신앙심이 깊은 기독교인이었다. 마하트마 간디Mahatma Gandhi는 평생 자기의 스승으로 세 명을 꼽았는데, 그중의 한 명이 톨스토이였다.

톨스토이는 억눌린 것이 아주 많은 사람이었음이 틀림없다. 그는 귀족 출신이었고 부유한 층에 속했지만, 평생을 거지처럼 가난하게 살았다. 그는 "가난한 자는 복이 있나니, 천국이 그의 것이라."라는 성경 구절을 믿었기 때문이다. 그는 신의 왕국을 포기하고 싶지 않았다. 이것은 소박한 태도Simplicity가 아니다. 이것을 무욕無慾이라 할 수 있는가? 오히려 이것은 지나친 탐욕이며 욕심이다. 이것은 권력에 대한 엄청난 갈망이다. 그가 현세의 삶과 그 즐거움을 희생한 이유는, 이 삶이 유한하고 사소한 반면에 신의 왕국에서는 영원한 쾌락을 누릴 수 있다고 생각했기 때문이다. 이 얼마나 얄팍한 흥정인가? 거의 복권을 사는 것과 같은 일이지만 당첨 확률은 확실하다!

톨스토이는 매우 금욕적인 삶을 살았다. 고기는 입에 대지도 않았고, 오직 채식만 고수했다. 그는 거의 성자였다! 그러니 그의 내면에 추악한 생각과 꿈들이 들끓고 있었음은 불을 보듯 뻔한 사실이다. 체호프와 고리키가 "왜 당신은 아무 말도 하지 않습니까? 뭐라도 말해 보시오." 하고 부추기자 톨스토이가 말했다.

"나는 여자에 대해서는 할 말이 없소. 죽을 때가 되어서야 뭔가 말할 수 있을 것이오. 그리고 말을 끝내는 즉시 무덤 속으로 뛰어들겠지!"

그가 왜 그토록 속마음을 털어놓는 것을 회피했는지 이해할 만하다. 그의 마음속에는 여자 생각이 들끓고 있었다. 이런 사람과 친해지는 것은 대단히 어렵다.

친해진다는 것은 가슴의 문을 활짝 열어 두는 것을 의미한다. 상대방을 환영하고 손님으로 받아들이는 것이다. 그러나 이것은 억압된 성욕과 변태적 욕망에 시달리지 않는 사람에게만 가능한 일이다. 자연 그대로의 순수한 가슴을 지닌 사람, 나무처럼 자연스럽고 아이처럼 순진무구한 사람, 이런 사람은 타인과 친해지는 것을 두려워하지 않는다.

그대로 하여금 무의식에 쌓인 짐을 벗어던지도록 돕는 것, 마음의 중압감에서 벗어나 그저 평범한 사람이 되도록 돕는 것, 이것이 내가 여기에서 하는 일이다. 소박하고 평범한 사람이 되는 것보다 아름다운 일은 없다. 이런 사람이 되었을 때 많은 친구를 사귀고 친밀한 관계를 형성할 수 있다. 이제 그대는 아무것도 두려워하지 않기 때문이다. 이제 그대는 활짝 펼쳐진 책과 같아서 누구든지 그 책을 읽을 수 있다. 아무것도 감추지 않는다.

어떤 사냥 동호회에서 해마다 몬태나 힐스Montana Hills로 사냥을 갔다. 그들은 누가 식사 담당을 할지 뽑았고, 앞으로 누구든지 음식에 대해 불평하는 사람이 있으면 그가 대신 식사를 담당하기로 했다.

재수 없게 처음으로 식사 담당에 뽑힌 사람은 샌더슨이었다. 그는 누구라도 불평하는 사람이 나타나기를 기다렸으나 아무도 그런 위험을 감수하려 들지 않는다는 것을 알게 되자 잔꾀를 냈다. 어느 날 밤, 그는 사슴 똥을 주워 두 움큼이나 음식에 집어넣었다. 모닥불 옆에 모여 식사를 하던 회원들이 첫 숟갈을 뜨자마자 인상을 찌푸렸으나 아무도 입을 열지 않았다. 그때 한 회원이 침묵을 깨고 소리를 질렀다.

"이봐, 샌더슨. 이 음식은 사슴 똥 맛이 나는군. 그런데 맛은 정말 좋네!"

그대는 수많은 얼굴을 갖고 있다. 속으로 생각하는 것과 밖으로 드러나는 것이 다르다. 그대는 하나의 유기적 존재가 아니다.

긴장을 풀어라. 사회가 그대 안에 심어 놓은 온갖 분열에서 벗어나라. 오직 진실한 것만 말하라. 결과에 연연하지 말고 그대만의 즉흥적이고 자발적인 느낌에 따라 행동하라. 인생은 짧다. 결과에 집착해서 이 짧은 생을 낭비하지 마라.

전체적이고 강렬하게 살아라. 즐거운 삶을 살아라. 활짝 펼쳐진 책처럼 누구든지 그대의 마음을 읽을 수 있게 하라. 물론 이렇게 산다고 해서 역사에 이름이 남지는 않을 것이다. 그런 역사책에 이름이 실리는 것이 무슨 소용인가? 기억에 남는 인물이 되려고 애쓰기보다는 그대 자신의 삶을 살아라. 인생은 짧고 그대는 얼마 후에 생을 마감할 것이다.

수많은 사람이 이 지구를 거쳐갔지만 우리는 그들의 이름조차 모른다. 그대는 잠시 동안 세상에 머물다가 사라질 것이다. 이 간단한 사실을 받아들여라. 위선과 두려움으로 이 소중한 시간을 낭비하지 마라. 지금 이 삶을 즐겨라.

미래에 대해서는 아무도 모른다. 그대가 생각하는 천국과 지옥, 그대가 믿는 신은 증명되지 않은 가설에 불과하다. 그대의 수중에 있는 것은 오직 지금 이 삶뿐이다. 이 삶을 최대한 풍요롭게 살아라.

격의 없이 친밀한 관계를 형성하고 사랑함에 의해서, 자신을 열어 보임으로 해서 그대는 더 풍요로운 삶을 누리게 된다. 많은 사람을 통해 깊은 사랑과 우정을 나누었다면 그대는 올바른 삶을 산 것이다. 이런 삶의 기술을 배우기만 한다면 어디에 있든지 그대는 행복한 삶을 살 것이다.

소박하고 사랑을 충만한 사람, 열린 가슴과 친밀함을 지닌 사람은 자신의 주변에 천국을 만들어낸다. 그러나 항상 폐쇄적이고 방어벽을 치는 사람, 자신의 생각과 꿈이 들통날까 봐 전전긍긍하는 사람은 지옥에 살고 있는 것이다. 지옥은 그대의 마음속에 있다. 천국도 마찬가지다. 천국과 지옥은 지리적인 장소가 아니라 정신의 영역이다.

먼저 그대 자신을 청소하라. 명상이란 마음속의 쓰레기를 치우는 일일 뿐이다. 마음이 고요해지고 가슴이 노래하기 시작하면 그대는 타인과 친해질 준비가 된 것이다. 이제 그대는 아무 두려움 없이 넘치는 기쁨으로 친밀한 관계를 형성할 수 있다. 이렇게 친밀한 관계가 없다면 그대는 수많은 이방인에 둘러싸인 외톨이 신세를 면치 못할 것이다. 진정한 친밀함이 무엇인지 알게 됨으로써 주변에 많은 친구가 생기고 그대를 사랑하는 사람들로 넘쳐날 것이다. 친밀함은 아주 소중한 체험이다. 이 값진 체험을 놓치지 마라.

그대 자신과 친해지는 길

그대의 자연적인 본성과 친구과 되어라. 그것을 사랑하고 신뢰하라. 그러면 그 사랑과 우정, 신뢰를 통해 서서히 친밀함이 형성된다. 그대는 자연스러운 본성과 더 가까워진다.

명상의 길을 찾고, 기도의 길을 찾고, 새로운 삶의 방식을 추구하는 사람들이 있다. 그러나 이런 추구가 깊어질수록 기본적으로 대두되는 문제는 어떻게 하면 이 존재계에 다시 뿌리를 내리느냐 하는 것이다. 이것을 명상이라고 부르건 기도라 부르건 상관없다. 그대가 어떤 식으로 이름 짓든 간에 핵심적인 추구는 '어떻게 이 세상에 다시 뿌리를 내리느냐' 하는 것이다. 우리는 뿌리 뽑힌 나무와 같다. 그리고 이 책임은 다른 사람이 아니라 바로 우리 자신에게 있다. 자연적 본성을 정복하겠다는 어리석은 생각이 우리를 이런 상황으로 몰아넣었다.

우리는 자연의 일부이다. 부분이 어떻게 전체를 정복할 수 있겠는가?

그대의 자연적인 본성과 친구가 되어라. 그것을 사랑하고 신뢰하라. 그러면 그 사랑과 우정, 신뢰를 통해 서서히 친밀함이 형성된다. 그대는 자연스러운 본성과 더 가까워진다. 자연스러운 그 무엇이 그대를 향해 더 가까이 다가오고 지금껏 숨겨졌던 비밀을 드러내기 시작한다. 이 자연스러움의 궁극적인 비밀은 바로 신성Godliness이다. 그러나 이 비밀은 존재계와 진실로 친구가 된 사람들에게만 드러난다.

그대가 존재하는 그 지점에서 출발하라

우리는 무엇인가 끊임없이 추구한다. 무엇을 찾는지도 모르면서 절망적으로 찾아 헤매는 것이 우리의 삶이다. 우리의 마음속에는 무엇인가 추구하려는 열망이 숨어 있다. 그런데 정작 무엇을 추구하는지는 아무도 모른다. 이것이 인간의 마음이다. 일단 원하는 것을 손에 넣으면 마음은 그것에 만족하지 못한다. 인간은 마치 절망의 운명을 타고난 것처럼 보인다. 무엇인가 손에 넣는 순간 그것은 무의미해진다. 그래서 다시 그대는 무엇인가 찾아 헤매기 시작한다.

그대가 무엇을 얻었건 얻지 못했건 간에 추구는 계속된다. 이것은 어처구니없는 상황처럼 보인다. 갖지 못해서 추구하고, 가져도 추구한다. 가난한 사람들도 추구하고, 부자도 추구한다. 병든 사람도 그렇고, 건강한 사람도 그렇다. 권력을 쥔 사람이나 아무 힘도 없는 사람이나, 어리석은 사람이나 현명하다는 사람이나 끝없이 무엇인가 찾아 헤맨다. 그러나 자신이 무엇을 찾고 있는지는 아무도 모른다.

이런 추구 자체를 깊이 이해해야 한다. 도대체 이 끊임없는 추구는 무엇인지, 왜, 무엇을 추구하는지 알아야 한다. 인간의 마음속에는 깊은 구멍이 있는 것 같다. 인간의 의식 구조 자체에 블랙홀 같은 것이 있는 것 같다. 그대는 무엇을 얻든지 그 안에 집어넣고, 그것은 즉시 빨려 들어가 사라진다. 이 블랙홀은 어떤 것으로도 채워지지 않는다. 아무리 위대한 것을 성취해도 도움이 안 된다. 이 블랙홀은 불타는 갈망 그 자체이다. 그대는 이 세상의 것을 추구하고 저세상의 것을 추구한다. 어떤 때에는 돈과 권력, 명예를 추구하고, 또 어떤 때에는 신과 더없는 행복, 사랑, 명상, 기도 등을 추구한다. 어떤 식으로든 추구가 멈추지 않는다. 마치 인간은 추구라는 병에 걸려 있는 것 같다.

이런 추구는 그대를 지금 여기에 존재하도록 가만히 놔두지 않는다. 추구하는 마음은 항상 그대를 어딘가 다른 곳으로 데려간다. 이런 추구는 마음의 투영이며 욕망이다. 내가 얻고자 하는 것은 어딘가 다른 곳에 있다는 생각이 끊임없는 추구를 만들어낸다. 내가 원하는 것은 지금 여기가 아니라 어딘가 다른 곳에 있다는 생각이 이런 추구의 바탕을 이룬다. 이것이 계속해서 그대를 밀고 당긴다. 한시도 그대를 가만 놔두지 않고 미치광이 상태로 몰아간다. 그리고 그것은 절대로 충족되지 않는다.

수피 신비주의자 라비아 알 아다위아Rabia al-Adawia에 얽힌 일화가 있다.

어느 날 저녁 해가 져서 거리에 희미한 빛만 남아 있을 무렵, 그녀가 길 위에 앉아 무언가를 찾고 있었다. 그녀는 노인이었고, 시력이 감퇴해서 사물을 보는 데 지장이 많았다. 그래서 이웃 사람들이 그녀를 도와주려고 달려왔다.

"무엇을 찾고 있습니까?"

라비아가 말했다.

"터무니없는 질문이군. 어쨌거나 나를 도울 수 있다면 도와주게나."

사람들이 웃으며 말했다.

"할머니, 제정신이세요? 우리 질문이 터무니없다니요? 무엇을 찾고 계시는지 알아야 도움을 드리든지 말든지 할 것 아닙니까?"

라비아가 말했다.

"좋아, 그렇게 알고 싶으면 말해 주지. 나는 바늘을 찾고 있네. 그걸 잃어버렸거든."

사람들이 너도나도 바늘을 찾기 시작했지만, 곧 그것이 거의 불가능하다는 것을 깨달았다. 넓디넓은 거리에서 가느다란 바늘 하나를 무슨 수로 찾겠는가? 그래서 사람들이 라비아에게 물었다.

"할머니, 바늘을 어디에서 잃어버렸는지 말씀해 주세요. 잃어버린 지점을 알아야 찾지요. 그 지점을 모르면 어려워요. 도로가 이렇게 넓은데 어떻게 찾겠어요. 평생 찾아도 힘들겠어요."

라비아가 말했다.

"또 황당한 질문을 하는군. 내가 찾고 있는 행동과 그것이 무슨 상관인가?"

사람들이 움직임을 멈추고 말했다.

"이 할머님이 노망이 드셨나?"

라비아가 말했다.

"좋아, 그렇게 궁금하면 말해 주지. 집 안에서 잃어버렸다네."

"그런데 왜 여기에서 찾아요?"

라비아가 말했다.

"그건 여기에 빛이 있기 때문이지. 집 안은 어두워서 아무것도 안 보여."

이 우화는 의미심장하다. 자신이 무엇을 찾고 있는지 자문해 본 적이 있는가? 자신이 무엇을 추구하는지에 대해 깊이 생각해 본 적이 있는가? 없을 것이다. 자신이 추구하는 것에 대해 희미하게 알아차리는 순간이 있긴 하지만 정확하고 분명하게 아는 것은 없다. 그대는 아직 그것에 대해 확실하게 아는 바가 없다.

그것이 무엇인지 정확하게 알려고 노력해 보라. 더 분명히 알게 될수록 그것을 추구할 필요가 없다고 느낄 것이다. 꿈꾸는 것처럼 희미하고 모호한 상태에서만 이런 추구가 계속된다. 무엇을 찾는지 분명하지 않기 때문에 더 절박한 충동에 끌려서 찾아 헤매는 것이다.

그대는 추구가 필요하다. 이것을 알아야 한다. 그대의 내면에는 추구에 대한 욕구가 있다. 그러나 정작 자신이 무엇을 추구하는지는 모른다. 무엇을 찾는지도 모르면서 어떻게 그것을 발견하겠는가?

막연한 느낌이 있을 뿐이다. 어쩌면 그대는 돈, 권력, 명예, 지위가 그 해답이라고 생각할지도 모른다. 그런데 사회적으로 존경받고 힘있는 사람들을 보니 그들 역시 무엇인가 찾아 헤매고 있다. 엄청나게 돈이 많은 사람들을 보니 그들 역시 무엇인가 찾아서 방황하고 있다. 목숨이 다하는 순간까지 간절하게 무엇인가 갈망하고 있다. 결국은 돈도 권력도 도움이 안 된다. 그대가 무엇을 가졌든지 간에 추구는 계속된다.

그렇다면 그대가 추구하는 것은 무엇인가 다른 것이다. 돈, 권력, 명예 등은 "나는 뭔가 추구하고 있어." 하는 만족감을 얻기 위한 명분에 불과할지도 모른다. 그 '무엇'은 여전히 안개처럼 모호하다. 막연한 느낌밖에 없다.

진실한 구도자들, 이제 조금씩 의식이 각성되고 깨어나기 시작한 구도자들이 가장 먼저 해야 할 일은 이 끊임없는 추구 자체의 정체를 밝히는 것이다. 그것을 모호한 의식으로부터 끄집어내어 분명한 개념으로 정립하고 정체를 밝혀야 한다. 깊은 각성의 상태에서 그것을 들여다보고 그 실체와 직접 대면해야 한다. 그러면 즉시 변형이 일어난다. 이 추구의 정체가 밝혀지기 시작하면 그것에 대한 흥미가 줄어들기 시작할 것이다. 분명하게 밝혀질수록 그것은 사라지기 시작한다. 그러다가 확연히 밝혀지면 수증기처럼 돌연 증발해 버린다. 그것은 그대가 주의 깊은 관심을 기울이지 않을 때만 존재할 수 있다.

다시 한번 반복해서 말하겠다. 추구는 그대가 잠들었을 때만 가능하다. 그대가 깨어 있지 못하고 자각하지 못한 상태에서만 추구가 행해진다. 그대의 깨어 있지 못함 자체가 추구에 대한 욕구를 일으킨다.

그렇다. 라비아가 옳다. 집 안에는 빛이 없다. 안에 의식이 없고 빛이 없기 때문에 그대는 계속 밖에서 찾아 헤맨다. 밖이 더 잘 보이기 때문이다.

우리의 감각 기관은 모두 외부 지향적이다. 눈이 밖을 내다보고 팔이 밖으로 뻗는다. 다리가 밖으로 향하고 귀가 밖의 소리를 듣는다. 우리가 이용 가능한 감각 기관 모두가 밖을 향해 열려 있다. 오감伍感 전체가 외부 지향적이다. 그대는 외부를 지향하는 오감에 의해 추구를 시작한다. 보고, 느끼고, 만지고……. 감각 기관의 빛은 밖을 비추지만, 이 추구의 주인공인 '찾는 자'는 안에 있다.

이 구분을 잘 이해하라. '찾는 자'는 안에 있다. 그런데 빛이 밖에 있기 때문에 그대는 밖에서 무엇인가 찾기 시작한다. 그것이 성취감을 안겨 줄 것이라고 기대하면서 게걸스럽게 찾기 시작한다. 그러나 이런 일은 결코 성공하지 못할 것이다. 지금까지 한 번도 성공한 적이 없었다. 이것은 사물의 이치상 불가능한 일이다. 찾는 자를 찾지 못하는 한 그대의 모든 추구는 무의미하다. 그대 자신이 누구인지 모른다면 그대의 모든 추구는 공허한 몸부림에 지나지 않는다. '찾는 자'도 모르면서 어떻게 올바른 방향으로 나아갈 수 있겠는가? 어림없는 일이다. 제일 앞에 와야 할 것을 먼저 관찰해야 한다.

이 두 가지가 아주 중요하다. 첫째로, 추구하는 대상이 무엇인지 분명하게 인식하라. 어둠 속에서 무작정 더듬기만 하지 말고 "정녕 내가 찾는 것이 무엇인가?" 하고 그 대상에 관심을 집중하라. 때로는 어떤 것을 원하면서도 엉뚱한 것을 찾아 헤맬 수 있기 때문이다. 그래서 설령 그것을 찾는 데 성공하더라도 만족하지 못할 것이다. 성공한 사람들을 관찰해 보라. 그들보다 더한 실패자가 없다. '성공만한 실패가 없다Nothing fails like success'가 맞는 말이다. 이 속담은 어리석은 사람들이 만들어 낸 것임이 틀림없다. 다시 반복해서 말하지만, 성공보다 더한 실패는 없다.

알렉산더 대왕이 세계 정복의 꿈을 이룬 날, 그는 자기 방에 들어가 비통한 눈물을 흘리며 울었다고 한다. 이 이야기가 사실인지는 모르겠지만 그가 조금이라도 지성적인 인물이었다면 충분히 있을 법한 일이다. 알렉산더 휘하의 장군들은 매우 놀랐다. 무슨 일이 일어난 것일까? 그들은 알렉산더가 그렇게 슬피 우는 것을 본 적이 없었다. 알렉산더는 그렇게 약한 사람이 아니었다. 그는 위대한 전사였다. 온갖 위험한 상황 속에서도 그는 흔들리는 법이 없었다. 목숨이 경각에 달린 절망적인 상황에서도 그는 항상 의연했고 눈물 따위를 흘리는 인물이 아니었다. 그런데 무슨 일이 일어난 것일까? 마침내 세상을 정복한 지금에 와서…….

장군들이 문을 두드리고 들어가 물었다.

"폐하 무슨 일입니까? 왜 폐하답지 않게 어린애처럼 울고 계십니까?"

알렉산더가 말했다.

"꿈을 이루고 나니 내가 실패자라는 것을 알겠다. 이제 나는 원점으로 돌아왔다. 세계 정복을 꿈꾸며 진군하기 시작한 그 날의 상황과 달라진 것이 없다. 애초부터 터무니없는 전쟁이었다. 이제 더는 정복할 곳이 없다. 만일 또 정복할 곳이 있었다면 나는 계속 진군했을 것이고, 또 다른 전쟁을 시작했을 것이다. 그런데 이제 더는 나아갈 곳이 없으니 무엇을 하겠는가? 아무것도 할 게 없으니 갑자기 나 자신을 돌아보게 되었다."

성공한 사람은 누구나 이런 상황에 부닥친다. 결국 그는 자기 자신에게로 내던져진다. 그리고 평생을 허비했다는 자책감에 시달리게 된다. 그는 목적을 달성하기 위해 자신이 가진 모든 것을 내걸었다. 그런데 막상 성공을 거두고 보니 가슴이 뻥 뚫린 것처럼 공허하고 모든 것이 무의미하다. 충만한 만족감도 없고, 모든 것이 허무하기 짝이 없다.

그러므로 제일 먼저 해야 할 일은 자신이 무엇을 추구하고 있는지 정확하게 아는 것이다. 나는 이 점을 특히 강조하고 싶다. 그대의 눈이 추구의 대상에 초점을 맞출수록 그 대상은 점점 사라지기 시작한다. 그리고 그 대상에 완전히 초점이 고정되면 돌연 더는 추구할 것이 없어진다. 이때 그대의 눈은 내면을 향해 방향 전환을 한다. 더는 추구할 대상이 없을 때 모든 대상이 사라지고 나면 텅 빈 공간이 남을 뿐이다. 그 텅 빔 속에서 전환이 일어나고, 돌연 그대의 눈은 그대 자신을 향하기 시작한다. 추구할 대상이 없어지니 이제는 이 '찾는 자' 자체를 알고 싶은 새로운 욕망이 일어난다.

아직도 추구할 대상이 있다면 그대는 세속적인 인간이다. 그리고 아무것도 추구할 것이 없고 오로지 '이 찾는 자는 누구인가?' 하는 의문만 남았을 때 비로소 그대는 종교적인 인간이 된다. 이것이 내가 세속적인 사람과 종교적인 사람을 구분 짓는 잣대이다. 아직도 무엇인가 추구하고 있다면, 그것이 피안의 세계든 천국이든 초월적인 세계든 아무런 차이가 없다. 그대는 여전히 세속적인 인간이다. 모든 추구가 멈추고 "내 안에 있는 이 '찾는 자'는 누구인가? 계속 무엇인가 찾아 헤매는 이 에너지의 정체는 무엇인가? 도대체 나는 누구인가?" 하는 의문만 남았을 때 커다란 전환이 일어난다. 가치관 전체가 송두리째 변하고 그대는 내면으로 들어가기 시작한다. 이때 라비아처럼 영혼의 어둠 속에서 잃어버린 바늘을 찾기 위해 바깥세상을 헤매는 일은 더는 일어나지 않는다.

일단 내면을 향해 움직이기 시작하면 처음에는 어둡다. 라비아가 옳다. 처음에는 칠흑 같은 어둠뿐이다. 수많은 생 동안 그대는 한 번이라도 내면에 존을 관찰해 보았는가? 태양이 눈부시게 비치는 밖에 있다가 집 안으로 들어가면 어둡게 느껴진다. 그대의 눈이 바깥의 빛에 익숙해져 있기 때문이다. 빛이 너무 많은 곳에서는 동공이 축소된다. 그리고 어두운 곳에서는 동공이 확대된다. 어둠 속에서는 조리개를 더 열어야 하지만 빛이 있는 곳에서는 조금만 열어도 된다. 이것이 눈과 카메라가 작동하는 방식이다. 카메라는 인간의 눈을 본떠서 만든 것이다.

밖에 있다가 갑자기 안으로 들어가면 아주 어둡게 느껴진다. 그럴 때 잠시 앉아서 기다리면 점점 어둠이 사라지고 빛이 보이기 시작한다. 그대의 눈이 적응하기 시작하는 것이다. 그대는 오랜 생 동안 햇살에 눈이 부신 바깥세상에서만 살아왔다. 그래서 안으로 들어가는 법을 망각했고, 그곳에서 자신의 눈을 어떻게 적응시켜야 하는지 잊어버렸다. 명상이란 그대의 시각, 그대의 눈을 다시 적응시키는 것이다.

인도에서 우리는 이것을 '제3의 눈'이라고 부른다. 이 눈은 신체에 실제로 존재하는 눈이 아니다. 이 눈은 시각을 완전히 재조정해서 적응시키는 것을 뜻한다. 서서히 어둠이 사라지고 미묘한 빛이 느껴지기 시작한다. 물론 이것은 시간을 필요로 하는 일이다. 그러나 안으로 계속 들어가다 보면 점차 아름다운 빛이 느껴진다. 이 빛은 태양처럼 자극적이고 눈부신 것이 아니라 달빛처럼 은은하다. 아찔하고 공격적인 빛이 아니라 포근하고 자비롭다. 은근히 퍼지는 향기와 같다.

점차 내면의 빛에 적응이 되면 그대는 그대 자신이 바로 원천源泉

임을 알게 된다. 찾는 자가 곧 찾음의 대상이다. 이때 그대는 내면에 무한한 보물이 쌓여 있음을 보게 된다. 모든 문제는 그것을 밖에서 찾았기 때문에 발생한 것이다. 처음부터 보물은 안에 있었는데 그대는 밖을 헤매고 있었다. 방향 자체가 잘못되었던 것이다. 이것이 모든 문제의 원인이다.

붓다, 바알셈Baal-shem, 모세, 모하메드, 이런 사람들에게 일어났던 일이 그대에게도 일어날 수 있다. 누구도 예외는 아니다. 다만 방향이 잘못되었을 뿐이다. 내면의 보물에 관한 한 그대는 붓다나 모하메드와 비교해 조금도 가난하지 않다. 절대 그렇지 않다. 신은 가난한 사람을 창조한 적이 없다. 그것은 불가능한 일이다. 왜냐하면 신은 흘러넘치는 풍성한 에너지로부터 인간을 창조했기 때문이다. 어떻게 그가 가난한 사람을 창조할 수 있겠는가? 신의 에너지가 흘러넘쳐서 탄생한 것이 그대이다. 그대는 신이 창조한 존재계의 일부이다. 그러니 어떻게 가난할 수 있겠는가? 그대는 이 자연만큼이나 무한정으로 풍요롭다.

다만 보는 방향이 잘못되었을 뿐이다. 이것이 그대가 계속 놓치는 이유이다. 그대가 세속적인 삶에서 성공하지 못한다는 말이 아니다. 하지만 아무리 성공해도 여전히 그대는 실패자이다. 아무것도 그대를 만족시키지 못할 것이다. 외부 세계에서 얻은 것은 내면의 보물에 비하면 아무것도 아니다. 내면의 빛, 내면의 더없는 행복에 비할 것은 바깥세상 어디에도 없다.

자기 자신에 대한 앎은 깊은 홀로 있음 속에서만 가능하다

우리가 우리 자신에 대해 알고 있는 그것은 대개 다른 사람들의 의견을 취합한 것이다. 그들이 "너는 좋은 사람이다." 하고 말하면 우리는 자신을 좋은 사람으로 생각한다. 그들이 "너는 아름다운 사람이다." 하고 말하면 우리는 자신을 아름다운 사람이라고 생각한다. 사람마다 그대에 대해 "너는 나쁜 사람이다.", "너는 못생겼다."라는 등의 말을 한다. 그리고 그들이 무슨 말을 하건 우리는 그것을 긁어모아 자기 정체성 Self-identity 으로 삼는다. 이것은 완전히 허구적인 정체성이다. 그대 자신을 제외한 누구도 그대를 알 수 없다. 사람들이 아는 것이라곤 그대의 단면뿐이고, 그 단면은 아주 표피적인 것이다. 그들이 아는 것은 그대의 일시적인 모습일 뿐이고 결코 그대의 중심으로 뚫고 들어오지 못한다. 존재의 중심부에서 그대는 철저하게 혼자이다. 그리고 오직 그곳에서만 그대 자신이 누구인지 알게 될 것이다.

사람들은 다른 사람들의 말과 의견에 의지하여 살아간다. 그래서 남들이 어떻게 생각할지 그렇게 두려워하는 것이다. 사람들이 그대를 나쁘다고 말하면 그대는 자신을 나쁜 사람으로 생각한다. 사람들이 그대를 비난하면 그대 또한 자신을 비난하기 시작한다. 사람들이 그대를 죄인이라고 욕하면 그대는 죄책감에 시달린다. 이렇게 타인의 의견에 매달려 살아가기 때문에 그대는 사람들의 기대에 어긋나지 않으려고 고심한다. 그렇게 하지 않으면 사람들이 그대에 관한 생각을 달리할까 봐 두렵기 때문이다. 이것이 그대를 노예 상태로 내몰았다. 그대는 부지불식간에 타인의 노예가 되어 버렸다. 그래서 선하고 좋은 사람, 지적인 사람으로 인정받으려면 끊임없이 사람들과 타협해야 한다. 그대가 어떤 사람인가는 그들의 의견에 따라 좌우되기 때문이다.

그런데 여기에서 다른 문제가 발생한다. 타인은 한 사람이 아니라 수없이 많다. 그들이 저마다 다른 의견을 제시하며 그대의 마음을 충동질한다. 어긋나는 의견들, 때로는 정반대되는 의견들도 있다. 그래서 그대의 마음속에 큰 혼란이 일어난다. 어떤 사람은 그대를 지성인으로 치켜세우고 어떤 이는 바보 같다고 한다. 그러니 어떻게 결정할 것인가? 그대의 내면은 사분오열되고 자기 자신이 누구인지조차 의심스러운 상태가 된다. 갈피를 잡지 못하고 이리저리 흔들리는 상태가 된다. 이런 혼란은 매우 복잡하게 얽혀 있다. 그대 주변에는 수많은 사람이 있기 때문이다.

   그대는 수많은 사람과 접촉하며 살아가고, 그들 모두가 각기 다른 생각을 그대에게 심어 준다. 그러나 그들 중에 진실로 그대를 아는 사람은 아무도 없다. 그대 자신조차 그대를 모른다. 그래서 사람들의 의견과 생각들이 그대 안에 뒤범벅되어 있다. 거의 미치광이 같은 상태이다. 그대의 내면에서는 수많은 목소리가 아우성을 치고 있다. "나는 누구인가?" 하고 물으면 온갖 대답이 쏟아져 나올 것이다. 어떤 대답은 어머니의 것이고, 어떤 대답은 아버지의 것이다. 또 어떤 대답은 그대를 가르친 선생의 것이다. 이런 식으로 무수한 대답이 계속된다. 그중에서 어떤 것이 옳은 대답인지 판가름하는 것은 불가능하다. 어떻게 결정하겠는가? 무엇을 기준으로 삼을 것인가? 이 지점에서부터 인간은 본연의 자기를 상실했다. 이것이 자기 자신에 대한 무지Self-ignorance이다.

   그대는 타인에 의지하여 살아가고, 내면의 홀로 있음Aloneness 속으로 들어가는 것을 두려워한다. 그 안으로 들어가는 순간 자기 자신을 상실할 것 같기 때문이다. 그러나 그대는 애초부터 '자기 자신'이라고 불릴 만한 것을 갖고 있지 못한다. 그저 다른 사람들의 의견을 조합해서 그것을 자신의 정체성으로 삼는다.

   그런데 내면으로 들어갈 때는 이렇게 조합된 정체성마저 버려야 한다. 당연히 두려움이 생길 수밖에 없다. 깊이 들어갈수록 그대는 자신이 누구인지 더 모르게 된다. 자기에 대한 앎Self-knowledge을 얻기 위해서는 지금까지 '나'라고 생각했던 모든 것을 버려야 한다. 이때 그대는 일종의 공황 상태에 빠질 것이다. 그대는 정체성을 상실하고 오리무중에 빠져 버릴 것이다. 왜냐하면 지금까지 '나'라고 생각했던 것들이 무너지고, 진정한 그대의 본질은 아직 밝혀지지 않은 상태이기 때문이다.

    기독교 신비주의자들은 이것을 '영혼의 어두운 밤The dark night of the soul'이라고 부른다. 이 밤을 통과해야 한다. 그러면 새벽이 오고 마침내 해가 떠오른다. 이때 그대는 생애 처음으로 자기 자신이 누구인지 알게 된다. 처음으로 서광이 비치면서 모든 것이 충족된다. 아침을 알리는 새들의 울음소리가 들리는 순간 모든 것이 이루어진다.

오로지 진실하라

진실해진다는 것은 허위의 가면을 벗는 것이다. 어떤 대가를 치르든지 간에 그대의 진짜 얼굴을 내보여라. 그러나 이 말은 아무 사람 앞에서나 가면을 벗으라는 말이 아니다. 거짓과 허위 속에서 행복해하는 사람들이 있다면 그것은 그들의 일이다. 아무 사람 앞에서나 가면을 벗지 마라. 사람들은 진실해지라는 말을 들으면 모든 이 앞에서 발가벗은 상태가 되라는 말로 생각한다. 그들은 "왜 몸을 가리는가? 그 옷을 벗어 던져라!" 하고 말한다. 내 말은 그런 뜻이 아니다. 내 말은 그대 자신에게 진실해지라는 뜻이다. 이것을 명심하라. 세상 사람들 모두 앞에서 '나는 이렇게 진실해졌다.' 하고 내보일 필요가 없다. 진실함을 통해 그대 자신을 성장시킬 수 있다면 그것으로 충분하다. 다른 사람들 앞에서 진실성을 과시하는 사람이 되지 마라. 타인을 가르치려 하지 말고, 변화시키려 하지도 마라. 그대 자신이 변하면 그것으로 충분하다. 그대의 변화 자체가 다른 사람들에게 메시지를 던져 준다.

진실해진다는 것은 그대 본연의 모습 그대로 참되게 존재한다는 뜻이다. 그러면 어떻게 참된 모습 그대로 존재하는가? 이 세 가지를 명심하라.

첫째, 누구의 말에도 현혹되지 마라. 다른 사람들이 원하는 바에 따라 흔들리지 말고 항상 그대 내면의 목소리에 귀를 기울여라. 그대가 진실로 무엇을 원하는지 귀 기울여 들어보라. 그렇지 않으면 평생을 낭비하게 될 것이다. 어머니는 그대가 엔지니어가 되기를 원하고 아버지는 그대에게 의사가 되라고 한다. 그런데 그대는 시인이 되고 싶다. 이제 어떻게 할 것인가? 물론 엔지니어가 되면 돈을 많이 벌 수 있으니까 어머니의 바람에 그릇된 점은 없다. 의사가 되면 사람의 값어치가 올라가니 아버지의 바람도 옳다. 의사라는 직업은 세상에서 높게 평가받는다. 그런데 시인이라고? 제정신인가? 시인이 되고 싶다니 어디 잘못된 것은 아닌가? 시인은 저주받은 사람들이다. 아무도 시인을 필요로 하지 않는다. 시가 없어도 세상은 잘 돌아간다. 시인이 없다고 해서 문제가 발생하지는 않는다. 그러나 기술자가 없으면 세상은 무너진다. 세상이 돌아가려면 기술자가 있어야 한다. 세상에서는 이런 식으로 필요 있는 사람만 가치 있는 사람이고, 필요 없는 사람은 가치 없는 사람으로 평가받는다.

그런데도 시인이 되고 싶다면 시인이 되어라. 땡전 한 푼 없는 거지가 되어도 좋다. 시를 써서 돈을 벌지 못한다고 걱정하지 마라. 그렇지 않으면 훌륭한 엔지니어가 되고 큰 부자가 되어도 결코 만족감을 얻지 못할 것이다. 그대는 항상 다른 것을 동경할 것이다. 그대의 내면은 시인이 되고 싶은 갈망에 시달릴 것이다.

노벨상을 받은 의학자가 질문을 받았다.

"당신은 노벨상을 탔는데 별로 행복해 보이지 않습니다. 무슨 일입니까?"

그가 말했다.

"저는 무용수가 되고 싶었습니다. 한 번도 의사가 되고 싶은 적이 없었습니다. 이제 저는 의사 일밖에 모르는 사람이 되었군요. 물론 의사로서는 크게 성공했지요. 그런데 이게 저를 짓누릅니다. 저는 훌륭한 무용수가 되고 싶었는데 막춤밖에 모르는 사람이 되었지요. 이게 슬프고 한스럽습니다. 춤을 잘 추는 사람을 볼 때마다 저는 비참함을 금할 수 없습니다. 이까짓 노벨상이 제게 무엇을 준답니까? 노벨상이 저에게 춤을 추나요? 저를 무용수로 만들어 주나요?"

그대 내면의 목소리에 귀를 기울여라. 언제나 이것을 잊지 마라. 그 목소리가 그대를 위험으로 이끌어도 좋다. 주저하지 말고 그 위험 속으로 뛰어들어라. 어떤 경우에도 내면의 목소리 앞에서 진실함을 잃지 마라. 그러면 지극한 만족감으로 춤출 수 있는 날이 반드시 올 것이다.

가장 우선되어야 할 것은 그대의 내적인 존재이다. 항상 거기에 초점을 맞추어라. 다른 사람들이 그대를 마음대로 조종하도록 끌려다니지 마라. 모든 사람이 그대를 조종하고 바꿔 놓으려고 한다. 그대가 요청하지도 않았는데 방향을 제시하려 한다. 모든 이가 그대 인생의 길잡이를 자청한다. 하지만 진짜 길잡이는 그대 안에 있다. 그대 안에는 이미 청사진이 들어 있다.

참되다는 것은 자기 자신에게 진실하다는 뜻이다. 이것은 아주 위험한 일이기도 하다. 소수의 사람만이 할 수 있는 일이다. 하지만 이렇게 시도한 사람들은 반드시 성공한다. 그들은 상상하기도 힘든 아름다움과 우아함을 성취한다.

사람들이 그토록 절망스러워 보이는 이유는 내면의 목소리에 귀를 기울이지 않기 때문이다. 그대는 어떤 여자와 결혼을 원했는데 그녀는 모하메드 교인이고 그대는 힌두교 브라만 계층이었다. 그래서 부모가 결혼을 반대했고 사회 전체가 그 결혼을 허락하지 않았다. 그것은 사회의 기강을 무너뜨리는 위험한 일이었다. 상대방 여자는 가난했고 그대는 부자이다. 그래서 그대는 힌두교 브라만 계층의 부유한 여자와 결혼했다. 모든 사람이 그 결혼을 인정하고 축복했지만, 그대의 가슴은 그 결혼을 받아들이지 않았다. 이제 그대는 추한 삶을 살아간다. 마음을 달래려고 창녀를 찾아가지만 별로 도움이 안 된다. 몸을 파는 매춘부처럼 그대는 자신의 인생을 팔아먹었다. 그대는 평생을 허비했다.

항상 내면의 목소리에 귀를 기울여라. 누구의 말에도 솔깃하지 마라. 수많은 유혹의 손길이 뻗치고 있다. 그대를 둘러싼 모든 사람이 자신의 것을 그대에게 팔아먹으려고 한다. 이 세상은 거대한 슈퍼마켓과 같다. 세상 사람 모두가 자신의 상품을 그대에게 팔고자 한다. 그들 모두가 세일즈맨이다. 만일 그 세일즈맨들의 소리에 일일이 귀 기울이다 보면 그대는 미쳐 버리고 말 것이다. 어느 누구의 말에도 흔들리지 마라. 다만 눈을 감고 그대 내면의 음성에 귀를 기울여라. 내면의 목소리를 듣는 것, 이것이 명상 전부이다. 이것이 가장 먼저 해야 할 일이다.

　그 다음에 두 번째로 할 일이 있다. 이 두 번째 일은 첫 번째 일을 마친 다음에야 비로소 가능하다. 절대로 가면을 쓰지 마라. 화가 나면 화를 내라. 이것은 위험 부담을 감수해야 하는 일이다. 하지만 억지웃음을 흘리지 마라. 그것은 진실하지 못한 행동이다. 그대는 화가 날 때도 웃으라고 교육받았다. 그래서 그대의 웃음은 위선이 되고 가면이 되었다. 그 웃음은 그저 입술의 움직임에 불과하다. 가슴속에 분노가 끓어오르는데 그대는 입가에 웃음을 흘린다. 그대는 위선자가 되었다.

　이렇게 억지웃음을 짓는 데 익숙해지면 정작 웃고 싶을 때 웃지 못하게 된다. 그대의 메커니즘Mechanism 전체가 뒤죽박죽되었다. 그대는 화가 끓어오를 때 그 화를 표출하지 못했다. 미워 죽겠는데 그 미움을 감추어야만 했다. 이제 그대는 사랑하기를 원하는데 돌연 메커니즘이 작동하지 않는 것을 발견한다. 이젠 웃고 싶을 때도 억지로 웃음을 끌어내야 한다. 큰 소리로 웃고 싶은데 그런 웃음이 나오지 않는다. 가슴속에 뭔가 막혀 있다. 무엇인가 목구멍을 틀어막고 있는 것 같다. 웃음이 나오지 않는다. 간혹 웃음이 나올 때도 맥없이 희미한 소리만 나온다. 이런 웃음은 그대에게 행복을 주지 못한다. 그대를 신명 나게 하지 못한다. 환한 빛처럼 그대를 감싸는 그런 웃음이 아니다.

화가 났을 때는 화를 내라. 화를 내는 것에 잘못된 점은 없다. 웃고 싶으면 크게 웃어라. 큰 소리로 웃는 것이 잘못은 아니다. 서서히 그대는 자신의 메커니즘이 정상적으로 작동하기 시작하는 것을 느낄 것이다. 그대를 이룬 시스템이 정상 작동할 때는 콧노래처럼 경쾌한 소리가 느껴진다. 마치 자동차의 상태가 좋으면 경쾌한 소리가 나는 것처럼 말이다. 능숙한 운전자는 소리만 듣고도 모든 기능에 이상이 없음을 안다. 자동차의 부품들이 하나의 유기체로 통합되어 원활하게 작동하고 있다.

그대도 그것을 알 수 있다. 메커니즘이 원활하게 작동하는 사람에게서는 알 수 없는 향기가 느껴진다. 그의 걸음걸이는 춤과 같고, 그의 말에서는 시처럼 미묘한 운율이 느껴진다. 그가 그대를 볼 때는 그냥 시선만 그대를 향하는 것이 아니라 진짜로 그대를 보는 것이다. 그의 눈길에는 따스한 온기가 담겨 있다. 그가 그대를 만질 때는 단순히 신체 일부가 닿는 것이 아니라 진짜로 그대를 만지는 것이다. 그의 에너지가 그대의 몸속으로 전해진다. 어떤 생명력이 그대에게 전이된다. 그의 메커니즘이 완벽하게 작동하고 있다.

가면을 쓰지 마라. 그렇지 않으면 그대의 메커니즘이 기능 장애를 일으킬 것이다. 그대의 몸에는 뭉친 지점Blocks들이 있다. 화를 억누르며 살아온 사람은 턱이 굳어진다. 모든 분노가 턱까지 밀려 올라왔다가 거기에서 뭉쳐진 것이다. 그는 손도 추해진다. 그의 손짓에는 춤 같은 우아함이 없다. 분노가 손에 뭉쳐진 것이다. 우리 신체에서 분노의 배출구는 두 군데가 있다. 하나는 이빨이고, 다른 하나는 손가락이다. 동물들은 화가 났을 때 이빨로 물어뜯거나 앞발로 할퀸다. 이렇게 손가락과 이빨은 분노가 방출되는 두 지점이다.

분노가 억압된 사람은 이빨에 문제가 생긴다. 너무 많은 에너지가 거기에 모여서 방출되지 못하기 때문이다. 또 화가 많은 사람은 과식을 한다. 이빨을 사용해야 하기 때문이다. 그는 담배도 더 많이 피우고 말도 더 많이 한다. 한시도 입을 다물지 못한다. 턱을 움직여야만 에너지가 조금이라도 방출되기 때문이다. 그의 손마디는 우악스럽게 변할 것이다.

무엇이든지 억누르면 우리의 신체에는 그 감정에 대응하는 지점이 있다. 울 줄 모르는 사람은 눈에 윤기가 없다. 눈에 윤기가 나려면 눈물이 필요하다. 눈물은 아주 생명력 있는 현상이다. 그러니 가끔은 목 놓아 울어라. 그러면 눈물이 흐르면서 눈이 청소된다. 눈이 다시 광채를 찾고 윤기 있게 살아난다.

여성의 눈이 더 아름다운 이유가 여기에 있다. 여성은 아직 울음의 능력을 잃지 않았다. 남자들의 눈에서는 아름다움이 사라졌다. 사내 대장부가 울어서는 안 된다는 잘못된 생각을 갖고 있기 때문이다. 어린 사내아이가 울면 부모들은 "남자 놈이 계집애처럼 울긴 왜 울어?" 하고 다그친다. 말도 안 되는 소리다. 신은 남녀를 구별하지 않고 똑같은 눈물샘을 주었다. 남자가 울어서는 안 될 존재였다면 애초부터 눈물샘이 없었을 것이다. 이것은 간단한 추론이다. 남자에게도 여성과 똑같은 눈물샘이 존재하는 이유가 무엇인가? 눈은 가끔 울음이 필요하다. 목 놓아 우는 것은 참으로 아름다운 일이다.

명심하라. 목 놓아 울 줄 모르는 사람은 큰 소리로 웃지도 못한다. 울음과 웃음은 양극兩極과 같다. 웃을 줄 아는 사람만이 울 줄도 안다. 그대도 보았을지 모르지만, 어린애들에게는 간혹 이런 경우가 있다. 긴 시간 동안 배꼽이 빠지게 웃다가 울음을 터뜨리는 것이다. 어린 시절 나의 어머니는 "너무 웃지 마라. 그러면 울음이 나온단다." 하고 말했다. 진짜 그렇다. 웃음과 울음은 다른 현상이 아니다. 다만 똑같은 에너지가 다른 극極으로 움직이는 것이다. 이것이 두 번째로 명심해야 할 사항이다. 절대로 가면을 쓰지 마라. 어떤 대가를 치르든지 간에 진실하라.

세 번째는 참됨Authenticity에 관한 것이다. 항상 현재에 충실하라. 모든 허위와 거짓은 과거나 미래를 통해서 생겨난다. 지나간 것은 지나간 것이다. 그것에 연연하지 마라. 과거를 무거운 짐처럼 짊어지고 다니지 마라. 그렇지 않으면 현재에 충실할 수 없다. 그리고 미래는 아직 오지 않은 것이다. 불필요하게 미래에 신경을 쓰면 현재마저 망쳐 버리게 된다. 오로지 현재에 충실하라. 그러면 참된 사람이 될 것이다. 지금 이 순간에 존재하는 것, 이것이 참된 사람이 되는 비결이다. 과거도 없고 미래도 없다. 오직 이 순간이 있을 뿐이다. 이 순간이 곧 영원이다.

　이 세 가지를 명심하고 지키면 진실함Truthfulness이 그대를 찾아올 것이다. 그때에는 무슨 말을 하든지 진실하다. 사람들은 진실을 말하기 위해서는 조심스러워야 한다고 생각한다. 내 말은 그런 뜻이 아니다. 내 말은 그대의 내면에 참됨이 자리 잡게 하라는 것이다. 그러면 무슨 말을 하든지 참될 것이다.

진실은 논리적인 것이 아니다

　　내가 말하는 '진심Truth'이라는 단어는 논리나 합리적 추론에 의해 도달하는 결론이 아니다. 내가 말하는 진실은 존재의 참됨Authenticity을 뜻한다. 본연의 그대가 아닌 아무것도 첨가되지 않은 상태, 어떤 대가를 치르더라도 위선자가 되지 않고 본연의 모습 그대로 존재하는 것, 이것이 진실이다. 슬픔을 느낀다면 그대는 슬픈 것이다. 그 순간에는 그것이 진실이다. 그것을 감추지 마라. 얼굴에 거짓 미소를 짓지 마라. 그 거짓 웃음이 그대를 분열시킬 것이다. 그대는 둘로 쪼개질 것이다. 그대의 한 부분은 웃음을 짓겠지만 그것은 겉모습일 뿐이고, 나머지 부분들은 슬픔에 잠겨 있을 것이다. 이제 분열이 일어났다. 그대는 이런 일을 되풀이한다.

화가 났을 때도 그대는 그 화를 표출하지 못한다. 사람들은 그대를 너그러운 사람으로 생각하는데 화를 내면 그 이미지가 깨질까 봐 두렵기 때문이다. 사람들은 그대를 절대로 화내지 않는 사람이라 말하고 그것을 높이 평가한다. 이것이 그대의 에고를 흐뭇하게 한다. 그런데 화를 내면 그 아름다운 이미지에 먹칠하는 셈이다. 그래서 그대는 화를 참고 아무렇지도 않은 척한다. 속에서는 화가 부글부글 끓어오르는데 겉으로는 너그럽고 겸손한 척, 다정다감한 사람인 척한다. 여기에서 내적인 분열이 일어난다. 사람들은 날마다 이런 분열을 연습한다. 평생 훈련을 한 나머지 이런 분열상이 아주 확고하게 자리 잡았다. 그래서 가식假飾이 필요 없는 혼자 있는 시간에도 그대는 계속 가식적인 행동을 한다. 가식이 제2의 천성이 되어 버렸다. 사람들은 욕실에 혼자 있는 동안에도 진실하지 못하다. 이젠 이것이 진실이냐 가식이냐 하는 의문조차 떠오르지 않는다. 완전히 몸에 밴 습관이 되어 버렸다. 사람들은 평생 이런 가식을 훈련해 왔고, 훈련이 되면 될수록 분열된 두 부분 사이는 점점 더 멀어진다.

그 사이가 너무 벌어져서 연결 짓기 힘들어졌을 때 우리는 그것을 조현병이라고 부른다. 그대 안의 다른 부분과 연결되는 것이 불가능해졌을 때 그대는 한 사람이 아닌 두 사람이 된다. 심각한 정신병이 되는 것이다. 정도의 차이는 있을지언정 모든 사람이 마찬가지다. 정신병자와 정상인의 차이는 질적인 것이 아니라 양적인 것이다.

내가 말하는 '진실'이란 가식을 부리지 말라는 뜻이다. 그대가 어떤 모습이든 그 모습 그대로 존재하라. 어떤 순간에 그대는 슬프다. 그러면 그 순간에 그대는 슬픈 것이다. 그리고 다음 순간에 행복해졌는데도 계속 슬픔을 유지할 필요가 없다. 우리는 항상 일관성을 유지하라고 배웠다. 그래서 이런 현상이 나타나는 것이다. 돌연 슬픔이 사라졌는데도 그대는 금방 웃지 못한다. 사람들이 뭐라고 생각하겠는가? '이 사람이 미쳤나? 조금 전까지 슬퍼하던 사람이 갑자기 웃어?' 하고 생각할 것이다. 미친 사람이나 어린애들만 그렇게 행동한다. 정상적인 어른이 그렇게 행동해서는 안 된다는 것이 일반적인 생각이다. 그대는 어느 정도 시간을 두고 기다려야 한다. 그래야 서서히 안정을 되찾고 다시 웃을 수 있게 된다.

그대는 슬플 때 웃는 척하고, 웃고 싶을 때 슬픈 척한다. 일관성을 유지해야 한다는 어리석은 개념에 지배받기 때문이다. 매 순간 고유의 길이 있다. 어떤 순간도 다른 순간들과 일관성을 유지할 필요가 없다. 삶은 강물처럼 흐르는 것이다. 계속해서 분위기가 바뀐다. 그러니 일관성에 대해 걱정할 필요가 없다. 일관성에 매달리는 사람은 진실할 수가 없다. 오직 거짓된 것들만이 일관적이다. 진리는 항상 변한다. 진리는 그 자체에 모순을 내포하고 있다. 이것이 진리의 아름다움이며 풍요로움이다. 이것이 진리의 광대함이다.

슬플 때는 슬퍼하라. 자기 자신에 대해 어떤 비난도 하지 마라. 옳고 그름을 판단하지 마라. 이것은 옳고 그름의 문제가 아니다. 슬픔이 그냥 그렇게 존재할 뿐이다. 슬픔이 사라질 때는 떠나게 놔두어라. 다시 웃고 싶다면 '조금 전까지 슬퍼하다가 어떻게 웃어?' 하는 죄책감에 사로잡히지 말고 맘껏 웃어라. 그대는 누군가 농담을 꺼내거나 해서 가라앉은 분위기를 바꿔 주기만 기다린다. 적당한 순간이 오기를 기다렸다가 마지못한 체하면서 웃는다. 이것은 위선이다. 행복할 때는 행복을 표현하라. 가식이 필요 없다.

명심하라. 매 순간은 원자原子처럼 그 자체로 실체성을 갖는다. 한 순간은 과거와 단절되어 있으며 미래와도 연결되어 있지 않다. 매 순간이 원자와 같은 실체이다. 어떤 연쇄적 과정에 종속되어 있는 것이 아니다. 매 순간은 그 나름대로 고유한 존재 방식이 있으며, 그대는 바로 그 순간에 충실해야 한다. 이것이 '진실'이라는 단어의 뜻이다.

진실Truth은 참됨과 진정성眞正性을 의미한다. 진실은 논리적이지 않다. 진실은 참되게 존재하는 내적 상태를 가리키는 말이다. 여기서 참되다는 것은 어떤 이상향에 따른다는 말이 아니다. 이상향이 개입되면 그대는 다시 가식에 빠져 버린다. 붓다처럼 되어야만 참된 인간이라는 생각을 갖고 있다면 그대는 결코 진실한 사람이 될 수 없다. 그대는 붓다가 아니기 때문이다. 그대는 자신에게 붓다 같은 인간이 되기를 강요한다. 붓다처럼 가부좌를 틀고 앉아서 석고상처럼 꼼짝하지 않을 수도 있다. 그러나 깊은 곳에서 보면 그대는 여전히 같은 인간이다. 그저 붓다를 흉내 내고 있을 뿐이다. 이상향을 갖고 있으면 한순간도 진실할 수가 없다. 항상 이상향이 개입되고 그대는 그 이상향을 모방해야 한다.

참된 사람에게는 어떤 이상향도 없다. 그는 순간 속에서 살아간다. 그는 순간의 느낌에 따른다. 그는 자신의 기분과 느낌, 감정에 충실하다. 진실함과 참됨, 자신의 영혼을 존중하는 태도, 이것이 내가 사람들에게 바라는 점이다.

그대 내면의 소리에 귀를 기울여라

언제나 그대 자신의 느낌에 귀를 기울여라. 주변을 두리번거릴 필요가 없다. 주변 사람들을 둘러보아도 그들에게 무슨 일이 일어나고 있는지 정확하게 아는 것은 불가능하다. 그들의 얼굴은 진짜가 아니기 때문이다. 그대의 얼굴이 진짜가 아닌 것처럼 그들의 얼굴도 진짜가 아니다. 사람들의 겉모습과 속마음은 매우 다르다. 그대가 그런 것처럼.

이 사회는 위선으로 가득 찼다. 사람들은 자신의 내면, 자신의 진짜 얼굴을 보여주지 않는다. 사회는 "진짜 얼굴을 숨겨라. 그대를 이해해 줄 만큼 친한 사람에게만 그 얼굴을 보여주어라."하고 말한다. 그러나 누가 진정으로 친한 사람인가? 연인들조차 서로 진짜 얼굴을 드러내지 않는다. 이 순간에는 연인이지만 다음 순간에는 아닐 수도 있기 때문이다. 그래서 서로가 외딴 섬처럼 고립된다.

타인에게 시선을 돌리지 말고 그대 자신을 관찰하라. 그대 내면에 무엇이 있든 그것을 밖으로 끄집어내라. 어떤 대가를 치러도 좋다. 그것이 억압하는 것보다는 훨씬 더 위험한 일이다. 억압보다 나쁜 것은 없다. 억압하면 삶의 향취와 희열을 잃어버릴 것이다. 그대의 인생을 송두리째 잃게 될 것이다. 억압은 독극물처럼 그대의 삶 전체를 오염시킨다.

가슴의 소리를 경청하라. 그리고 거기에 무엇이 있든 그것을 밖으로 끄집어내라. 곧 그대는 그 일에 익숙해질 것이고 그것을 즐기게 될 것이다. 일단 진실해지는 법을 알게 되면 어떠한 거짓도 파고들지 못한다. 진실해지는 것은 너무나 아름다운 경험이다. 우리가 늘 거짓을 선택하는 이유는 진실의 맛을 보지 못했기 때문이다. 아주 어린 시절부터 우리는 진실을 억눌러 왔다. 진짜가 무엇인지 자각하기도 전에 아이는 그것을 억누르도록 교육받았다. 그래서 무의식적이고 기계적으로 그대는 계속 억압한다. 자신이 무엇을 하는지도 모르는 채.

그대 자신에 대해 진실해져라. 이것 외에 달리 책임질 일은 없다. 인간은 그 자신의 존재에 대해 책임져야 한다. 자신의 존재에 응답할 수 있어야 한다. 신은 그대에게 "너는 왜 네가 아닌 다른 사람이 되지 않았는가?" 하고 묻지 않는다.

하시드Hasid 신비주의자인 조시아Josiah가 임종을 맞고 있었다. 누군가 그에게 물었다.

"당신은 임종을 맞으면서 왜 기도를 하지 않습니까? 모세가 증인으로 지켜보고 있을 겁니다."

조시아가 응답했다.

"한 가지만 말해 두지. 신은 내게 '너는 왜 모세가 아닌가?' 하고 묻지 않을 것이네. 그는 '너는 왜 조시아가 아닌가?' 하고 물을 것이네."

어떻게 하면 나 자신이 되는가? 이것이 핵심이다. 이 문제만 해결되면 다른 것들은 문제가 안 된다. 이 핵심적인 과제만 풀리면 삶은 아름다운 신비가 된다. 이때 삶은 해결해야 할 문젯거리가 아니라 즐기고 누리는 신비가 된다.

그대 자신을 신뢰하라

신뢰Trust는 먼저 그대 자신에 대한 믿음이 있어야만 가능하다. 가장 기본적인 것이 먼저 그대 안에 일어나야 한다. 먼저 그대 자신을 신뢰해야 한다. 그런 연후에야 다른 사람들을 신뢰할 수 있다. 그제야 이 존재계를 신뢰하는 것이 가능하다. 그대 자신에 대한 신뢰가 없다면 다른 사람들을 신뢰하는 것은 불가능하다.

사회는 이런 신뢰의 뿌리 자체를 파괴했다. 사회는 그대가 자신을 신뢰하는 것을 허용하지 않는다. 사회는 온갖 것을 믿으라고 가르친다. 부모를 믿고, 교회를 믿고, 국가를 믿고, 신을 믿고……. 이렇게 한없이 계속되지만 정작 모든 신뢰의 뿌리가 되는 그대 자신에 대한 믿음은 철저하게 파괴했다. 그대 자신에 대한 신뢰가 없다면 다른 모든 믿음은 가짜이다. 그럴 수밖에 없다. 이때 다른 모든 믿음은 플라스틱으로 만든 조화造花와 같다. 그대에게는 꽃이 피어날 뿌리가 없다.

사회가 이렇게 그대 자신에 대한 신뢰를 파괴한 것은 다분히 의도적이다. 자기 자신을 신뢰하는 사람은 사회에 위험한 존재이기 때문이다. 사회는 보이지 않는 노예 제도에 의존한다. 이런 노예화를 이룩하기 위해 엄청난 투자를 했다. 그런데 자기 자신을 신뢰하는 사람은 어디에도 의존하지 않고 독립적이다. 그는 자기만의 방식에 따라 독자적으로 움직이므로 예측이 불가능하다. 그는 자유로운 삶을 산다. 그는 자신의 느낌과 사랑을 신뢰한다. 그의 신뢰감은 뜨거운 삶의 열정과 진리를 내포하고 있다. 넘치는 생명력으로 살아 있으며 진실하다. 그는 자신이 신뢰하는 것을 위해서라면 어떤 위험도 감수할 준비가 되어 있다. 다만 그는 자신이 참되다고 느끼는 것, 가슴을 뜨겁게 휘저어 놓는 것, 지성과 사랑의 에너지를 불러일으키는 것을 위해서만 그렇게 한다. 그런 것이 아니라면 그는 어떤 것에도 굴복하지 않는다. 어떤 믿음도 그에게 강요하지 못한다.

이 사회는 온갖 맹목적인 믿음에 의존한다. 사회 구조 전체가 자기 최면적인 방식에 토대를 두고 있다. 사회는 인간이 아닌 로봇을 만드는 네 중점을 둔다. 사회는 의존적인 인간을 필요로 한다. 너무나 심약해서 끊임없이 누군가에게 종속되고 지배당하기를 원하는 사람들, 히틀러, 무솔리니, 스탈린, 모택동 같은 독재자를 찾아 헤매는 사람들, 사회는 이런 사람들을 원한다. 우리는 이 아름다운 지구를 거대한 감옥으로 만들었다. 권력에 미친 소수 계층이 인류 전체를 어중이떠 중이 군중으로 전락시켰다. 그래서 온갖 난센스Nonsense와 타협해야만 이 세상에 살아남는 것이 허용된다.

아이에게 신을 믿으라고 하는 것은 터무니없는 일이다. 이건 완전히 난센스다. 신이 존재하지 않는다는 말이 아니다. 아이는 아직 갈증과 염원이 없다. 그는 진리를 추구할 준비가 되지 않았다. 그는 아직 이 존재계의 실상을 탐구할 만큼 성숙하지 못했다. 때가 되면 사랑에 빠지듯 언젠가는 그런 일이 일어나겠지만, 그에게 어떤 믿음도 강요하지 말아야만 가능한 일이다. 진리에 대한 갈망이 일어나기도 전에 그를 특정한 종교인으로 만들어 버리면 그의 삶 전체가 거짓으로 물들 것이다. 그는 사이비 인간이 될 것이다.

물론 그는 신에 대해 말하겠지만, 그것은 아주 어린 시절부터 신이 존재한다고 세뇌되었기 때문이다. 그는 항거하기 힘든 권위를 지닌 사람들에게서 그렇게 들었다. 부모, 성직자, 선생 등 막강한 힘을 지닌 사람들이 어린 시절부터 그런 이야기를 들려주었다. 그는 어쩔 수 없이 받아들여야 했다. 그것은 생존이 달린 문제였다. 부모의 말을 거역하는 것은 어려운 일이었다. 그들이 없으면 살아남기 힘들었다. '아니요'라고 말하는 것은 위험 부담이 큰일이었고, 그는 언제나 '예' 하고 순응해야 했다. 그러나 이런 순응은 진심이 아니다.

어떻게 그것이 진심이 될 수 있겠는가? 그의 순응은 생존을 위한 정치적 방편에 불과하다. 우리는 그를 종교적 인간이 아닌 외교관으로 만들었다. 그대는 한 명의 정치인을 탄생시켰다. 우리는 그가 진정한 존재로 성장할 수 있는 모든 가능성을 파괴했다. 독극물로 그의 영혼을 잠재웠다. 그의 지성이 싹틀 수 있는 토대 자체를 파괴했다. 지성은 알고자 하는 염원이 있을 때만 싹틀 수 있는 것이다. 그런데 강렬한 의문에 사로잡히기도 전에 이미 해답이 주어졌으니 진리를 알고자 하는 염원이 일어나겠는가? 그가 허기를 느끼기도 전에 우리는 그의 입에 음식을 욱여넣었다. 이렇게 억지로 주어진 음식이 제대로 소화될 리 없다. 애초부터 음식을 받아들이고 소화시킬 허기가 없었다. 이제 사람들의 삶은 좁은 관管처럼 되었고, 소화되지 않은 음식처럼 인생이 그 관 속을 지나간다.

아이를 키우는 사람들은 매우 주의 깊고 인내심이 있어야 한다. 아이의 지성이 싹틀 가능성에 방해가 되는 어떤 말도 하지 않도록 조심해야 한다. 그를 기독교인, 불교인, 힌두교인, 모하메드교인으로 만들려고 해서는 안 된다. 무한한 인내심이 필요하다. 그러면 어느 날엔가 아이 스스로 탐구하기 시작할 것이다. 그럴 때도 기성既成의 해답을 제공하지 마라. 그런 답은 아무 도움이 안 된다. 이미 완성된 해답은 우둔하고 어리석은 것이다. 아이가 좀 더 지성적인 존재가 되도록 도와주어라. 그에게 답을 안겨 주기보다는 스스로 지성을 연마하여 더 깊이 파고들 수 있는 환경을 조성해 주어라. 그의 의문이 존재의 핵심까지 뚫고 들어가도록, 그의 의문이 생사生死의 문제처럼 깊어지도록 그런 환경을 만들어 주어라.

그러나 그런 환경은 허용되지 않는다. 부모와 사회가 그것을 두려워하고 피한다. 아이에게 자유가 주어지면 그는 양처럼 순하게 앉아서 부모의 소유물이 되는 것을 거부할지도 모른다. 교회나 절에 가는 것을 거부할지도 모른다. 아이가 자기만이 지성을 지니게 되면 무슨 일이 일어날지 누가 아는가? 그는 그대의 통제권을 벗어날 것이다. 그래서 이 사회는 모든 인간의 영혼을 소유하고 통제하기 위해 점점 더 교묘한 술수를 쓴다.

사회가 제일 먼저 하는 일은, 아이가 자기 자신에 대한 신뢰와 자신감을 갖지 못하도록 하는 것이다. 아이를 소심하고 겁 많은 인간으로 만들어야 한다. 그래서 일단 그가 겁을 먹기 시작하면 그때부터는 그를 통제하기가 쉬워진다. 자신감에 넘치는 아이는 통제하기 어렵다. 자신감에 넘치는 아이는 당당하게 자기주장을 펼칠 것이고, 무슨 일을 하건 자신의 의지에 따라 실천할 것이다. 그는 다른 사람들의 요구대로 움직이지 않을 것이다. 그는 자기만의 독자적인 길을 갈 것이고, 다른 사람들의 기대에 맞추어 행동하지 않을 것이다. 그는 맹목적으로 남을 흉내 내는 사람이 되지 않을 것이다. 그는 둔하고 어리석은 사람이 되지 않을 것이다. 그는 넘치는 생명력으로 이 삶과 함께 움직일 것이다. 아무도 그를 통제할 수 없을 것이다.

아이의 신뢰감을 파괴하면 그의 영혼을 거세한 것이나 다름없다. 그의 모든 힘을 말살시킨 것이다. 이제 아이는 무능한 존재가 되어 항상 자신을 지배하고 명령을 내려 주는 누군가를 필요로 하게 된다. 이제 그는 충성스러운 군인, 모범적인 시민, 애국심 투철한 국민, 신앙심 깊은 종교인이 될 것이다.

그러나 이제 그는 진정으로 살아 있는 한 개인이 아니다. 그에게는 뿌리가 없으며, 평생 그렇게 뿌리 뽑힌 삶을 살 것이다. 뿌리가 없는 삶은 비참하다. 그것은 지옥 같은 삶이다. 나무가 땅에 뿌리를 박아야 살 수 있듯이 인간은 이 존재계에 뿌리를 내려야 한다. 그렇지 않으면 아주 비지성적인 삶을 살 것이다.

며칠 전에 이런 이야기를 읽었다.

세 명의 의사가 해변에 누워 휴가를 즐기고 있었다. 오랜 친구 사이인 그들은 잡담을 나누다가 자기 자랑을 늘어놓기 시작했다.

첫 번째 의사가 말했다.

"전쟁에서 두 다리를 잃은 사람이 우리 병원에 왔었어. 그래서 그에게 의족을 만들어 주었는데 놀라운 일이 일어났지 뭔가? 그가 달리기를 얼마나 잘하는지 세상에서 그를 따라잡을 사람이 없을 거야. 올림픽에 나가도 우승할 정도거든."

두 번째 의사가 말했다.

"그건 아무 것도 아냐. 30층에서 떨어진 여자가 왔있는데 얼굴이 완전히 뭉개진 상태였어. 그래서 내가 성형 수술을 해주었는데, 아 글쎄, 며칠 전 신문을 보니 그 여자가 미스 월드에 뽑혔더군."

세 번째 의사는 겸손한 사람이었다. 친구들이 그를 보면서 물었다.

"자네는 최근에 한 일이 뭔가? 뭐 새로운 소식 없나?"
세 번째 의사가 말했다.
"별일 없었네. 게다가 말하면 안 되는 이유가 있거든."
그러자 다른 의사들은 더 궁금해졌다.
"무슨 일인데 그래? 우린 친구니까 염려 말고 털어놓게. 절대로 발설하지 않겠다고 약속하지."
세 번째 의사가 말했다.
"그렇다면 털어놓지. 한 사내가 실려 왔는데, 교통사고 환자였어. 근데 머리가 통째로 날아가고 없지 뭔가. 뭘 어떻게 해야 할지 모르겠더군. 좀 당황했지. 그래서 마음을 진정시키려고 마당에 나갔는데 양배추가 눈에 띄더군. 마땅히 다른 것도 없고 해서 양배추로 머리를 만들어 붙였지. 그다음에 어떻게 되었는지 아나? 그 사람이 지금 미국 대통령이 되었다네."

완전히 망가진 아이도 미국 대통령이 될 수 있다. 지성이 없다고 성공하지 못하는 게 아니다. 사실은 지성적인 사람이 더 성공하기 어렵다. 그는 창조적이기 때문에 시대를 앞서간다. 그래서 그를 이해하기까지는 많은 시간이 필요하다.

비지성적인 사람을 이해하는 것은 쉬운 일이다. 그는 사회적 행동양식의 틀을 벗어나지 않는다. 사회의 가치관과 기준에 의해 그를 평가할 수 있다. 그러나 비범한 사람을 평가하려면 시간이 필요하다. 동시대에는 그를 평가할 사회적 기준이 마련되어 있지 않기 때문이다.

비지성적인 사람이라고 해서 성공하거나 유명한 인물이 되지 못하는 건 아니다. 그러나 아무리 성공해도 그는 사이비 인간을 면치 못할 것이다. 이것이 비극이다. 아무리 유명해져도 사이비 인간이라면 그의 삶은 비참할 수밖에 없다. 그는 이 삶이 뿌려 주는 축복이 무엇인지 모른다. 앞으로도 절대 알 수 없을 것이다. 그에게는 그것을 알 만한 지성이 없다. 그는 이 존재계의 아름다움을 알지 못한다. 그것을 느낄 감성이 없다. 그는 날마다 주변에서 일어나는 삶의 기적들, 다양한 형태로 찾아오는 그 기적들을 감지하지 못한다. 그것을 이해하고 느끼려면 뛰어난 능력이 필요하다.

이 사회는 권력 지향적이다. 사회는 여전히 원시적이고 야만적인 단계를 벗어나지 못했다. 정치인, 성직자, 학자 등의 소수 계층이 수많은 사람을 지배하고 있다. 이 사회가 움직여 가는 방식에 따르면 어떤 아이도 지성을 갖도록 허용되지 않는다. 간혹 붓다 같은 사람들이 출현하는 것은 순전히 우연한 일이다. 어쩌다가 한 번, 사회의 통제권에서 벗어난 사람들이 나타난다. 사회에 의해 중독되지 않는 사람이 간혹 출현한다. 아마 사회 시스템의 에러에 의해 발생하는 일일 것이다. 그런 예외적인 경우를 제외한다면 사회는 그대의 뿌리를 제거하는 데 성공했다. 그대 자신에 대한 신뢰감을 파괴한 것이다. 일단 그런 일이 행해지고 나면 다른 누구도 믿을 수 없게 된다. 자기 자신에 대한 사랑을 잃은 사람은 아무도 사랑할 수 없다. 이것은 절대적인 진리이다. 어떤 경우에도 예외가 없다. 자기 자신을 사랑하는 사람만이 다른 사람을 사랑할 수 있다. 그런데 사회는 자기애自己愛를 비난한다. 그것을 이기적인 나르시시즘Narcissism이라고 비난한다.

그렇다. 자기애가 나르시시즘이 되는 경우도 있지만, 반드시 그런 것은 아니다. 자기애가 자신의 한계를 넘어서지 못하면 그것은 나르시시즘이 된다. 자기 자신에 국한된 사랑은 일종의 이기주의가 될 수도 있다. 그러나 이런 경우가 아니라면 자기애는 모든 다른 사랑의 시초이며 출발점이다.

자기 자신을 사랑하는 사람은 곧 풍성한 사랑으로 흘러넘치기 시작한다. 자기를 신뢰하는 사람은 누구도 불신하지 않는다. 그를 속이려 드는 사람들, 심지어는 이미 그를 속였던 사람들까지도 그는 신뢰한다. 이제 그는 신뢰가 다른 어떤 것과도 견줄 수 없을 만큼 소중하다는 것을 안다.

그대가 어떤 사람을 속인다고 하자. 그를 속여서 무엇을 얻겠는가? 그대는 그에게서 돈이나 다른 것들을 갈취할 수 있을 것이다. 그러나 신뢰의 아름다움을 아는 사람은 그런 사소한 것에 흔들리지 않는다. 그는 여전히 상대방을 사랑하고 신뢰할 것이다. 이때 기적이 일어난다. 진실로 그대를 신뢰하는 사람이 있다면, 그를 속이는 것은 거의 불가능하다.

이런 일은 그대의 생활 속에서도 날마다 일어난다. 그대가 어떤 사람을 완벽하게 신뢰하면, 그가 그대를 속이고 사기 치는 일은 불가능해진다. 가령 그대가 기차역에 앉아 있다고 하자. 그대 옆에는 낯선 사람이 앉아 있다. 그대가 "기차표를 끊어 와야 하는데 제 짐을 봐주시겠어요?" 하고 부탁한다. 그대는 이 낯선 사람을 백 퍼센트 신뢰한다. 이럴 때 그가 그대를 속이는 일은 거의 발생하지 않는다. 만일 그가 그대를 속였다면, 이 낯선 사람을 그대가 백 퍼센트 신뢰하지 않았기 때문이다.

신뢰에는 마술 같은 속성이 있다. 자신을 백 퍼센트 믿는 사람을 어떻게 속일 수 있겠는가? 누가 스스로 저질스러운 사람이 되려고 하겠는가? 만일 그를 속였다면 그대는 자신을 결코 용서하지 못할 것이다.

인간의 마음에는 남을 신뢰하고 남으로부터 신뢰하고자 하는 속성이 있다. 이 속성은 본능과 같다. 모든 사람은 남들로부터 신뢰받는 것을 좋아한다. 그것은 상대방이 그만큼 나를 존중해 준다는 뜻이다. 더구나 처음 보는 낯선 사람이 나를 믿어 줄 때는 더욱 그렇다. 그는 나를 믿어 줄 아무 이유도 없는데 전적으로 나를 신뢰한다. 이것은 그가 나를 높이 평가하고 높은 위치에 올려 준다는 뜻이다. 그런데 내가 왜 자진해서 그런 위치에서 굴러떨어지겠는가? 만일 내가 그를 속이고 스스로 나쁜 사람이 된다면 나는 결코 자신을 용서할 수 없을 것이다. 평생 무거운 죄책감을 안고 살아야 할 것이다.

진실로 자기 자신을 신뢰하는 사람은 그 신뢰가 얼마나 아름다운 것인지 알게 된다. 그는 신뢰감이 커질수록 자신의 존재가 더 성장한다는 것을 깨닫게 된다. 자신에 대한 완벽한 신뢰감을 갖고 그 안에서 모든 것을 맡기고 휴식할 때, 그대는 더 안정되고 평온해진다. 그대는 더 고요하고 침착해진다. 이것은 너무나 아름다운 경험이기 때문에 그대는 더 많은 사람을 신뢰하기 시작한다. 신뢰하면 할수록 그대 안의 평온이 그만큼 깊어지기 때문이다. 내면의 평정Coolness이 존재의 중심에 이를 만큼 깊어진다. 신뢰가 커질수록 그대는 더 높은 하늘로 비상한다. 자기 자신을 신뢰하는 사람은 머지않아 이런 신뢰의 법칙을 알게 될 것이다. 그리고 어느 날엔가는 미지의 차원까지 신뢰하게 될 것이다.

먼저 그대 자신에 대한 신뢰에서부터 시작하라. 이것이 가장 기본적인 출발점이다. 그대 자신에 대한 사랑에서부터 출발하라. 그대마저 자신을 사랑하지 않는다면 세상에 누가 그대를 사랑해 주겠는가? 그러나 명심하라. 그대가 오직 자기만 사랑한다면 그대의 사랑은 아주 초라한 것이 될 것이다.

유대 신비주의자 힐렐Hillel은 이렇게 말했다.

"당신마저 당신을 위하지 않는다면 누가 당신을 위하겠는가? 그리고 당신이 오로지 당신만을 위한다면 당신의 삶에 무슨 의미가 있는가?"

참으로 의미심장한 말이다. 먼저 그대 자신을 사랑하라. 그렇지 않으면 아무도 그대를 사랑하지 않을 것이다. 이 말을 가슴에 새겨라.

자기 자신을 증오하는 사람을 사랑하는 것은 어려운 일이다. 그런데 불행하게도 거의 모든 사람이 자신을 미워하고 비난한다. 자신을 비난하는 사람을 어떻게 사랑할 수 있겠는가? 그는 그대를 믿지 않을 것이다. 그 자신조차 그를 사랑하지 않는다. 그는 '나도 나를 사랑하지 않는데, 당신이 어떻게 나를 사랑한단 말인가?' 하고 생각할 것이다. 그는 그대에게 뭔가 꿍꿍이속이 있거나 다른 의도가 있다고 의심할 것이다. 그는 '이자가 사랑을 빌미로 나를 속이려 드는 게 틀림없어.' 하고 경계할 것이다. 그리고 이런 경계심이 그대마저 오염시킬 것이다. 자신을 증오하는 사람을 사랑하는 것은 그가 자신에 대해 갖고 있는 이미지를 파괴하는 것이다. 그런데 자신에 대한 이미지는 그렇게 쉽게 무너지는 것이 아니다. 그 이미지는 곧 그의 정체성Identity이다. 그는 그대에 대항해서 싸울 것이고, "내가 옳고 너는 틀렸어."라고 하는 것을 증명하려 들 것이다.

이것이 모든 사랑의 관계에서 일어나는 일이다. 소위 '사랑'이라고 불리는 모든 관계에서 이런 일이 일어난다. 남편과 부인, 연인들, 남자와 여자……. 상대방의 자기 이미지를 그대가 어떻게 무너뜨릴 수 있겠는가? 그것은 그의 정체성이요, 에고다. 그것이 그가 자신을 인식하는 방식이다. 그대가 그 이미지를 거두어 버리면 그는 자신이 누구인지도 모를 것이다. 그것은 너무 위험한 일이다. 그래서 그는 그 이미지를 쉽게 포기하지 않는다. 그는 자신이 사랑받을 가치기 없음을 증명하려고 할 것이다. 미움받아 마땅한 인간임을 증명하려 들 것이다.

그대도 마찬가지다. 그대 또한 자신을 미워한다. 그대는 다른 사람이 그대를 사랑하도록 허용하지 않는다. 누군가 사랑의 에너지를 갖고 다가올 때마다 그대는 움츠러들고 경계한다. 두려워하면서 도망치려 한다. 그대는 자신이 사랑받을 만큼 가치 있는 인간이 아님을 잘 안다. 겉으로는 아름답고 좋은 사람처럼 보이지만 속은 추하다는 것을 안다. 상대방의 사랑을 허용하면 머지않아 그는 그대의 실패를 알게 될 것이다.

같이 사는 사람을 얼마나 오래 속일 수 있겠는가? 시장에서는 가식이 통한다. 로터리 클럽이나 라이온스 클럽에서는 만면에 웃음을 짓고 좋은 사람인 척할 수 있다. 그러나 한 사람과 하루 스물네 시간을 붙어 있어 보라. 웃음을 짓는 것도 지겨운 일이 될 것이다. 그 웃음은 거짓이기 때문에 그대는 얼마 안 가 지쳐 버리고 말 것이다. 그것은 진짜 미소가 아니라 입술의 움직임에 불과한 것이다. 입술에 경련이 일어날 정도여서 그대는 곧 지쳐 버릴 것이다. 얼마나 오래 다정다감한 사람인 척할 수 있겠는가? 곧 그대의 냉정함이 표피로 드러날 것이다. 그래서 허니문Honeymoon이 지나면 모든 것이 끝난다. 두 사람은 서로의 실체를 알게 된다. 서로가 상대방의 위선과 가식을 눈치를 챈다.

사람들은 친해지는 것을 두려워한다. 친해진다는 것은 가식을 벗어 던지는 것을 뜻한다. 그런데 그대는 자신이 어떤 사람인지 잘 안다. 더러운 생각으로 가득 찬 별 볼 일 없는 인간이다. 그대는 아주 어렸을 때부터 이런 생각을 주입받았다. 부모, 선생, 성직자, 정치가, 이

들 모두가 그대를 더럽고 가치 없는 인간으로 몰아붙였다. 아무도 그대를 인정해 주지 않았다. 아무도 그대에게 사랑받고 있다는 느낌, 존중받는다는 느낌, 필요한 존재라는 느낌을 심어 주지 않았다. 그대가 없다면 이 존재계는 그대를 그리워할 것이다. 그대가 없다면 이 존재계가 예전 같지 않을 것이다. 큰 공백이 생길 것이다. 이 우주에서 시 한 편이 사라지고 아름다움 하나가 사라질 것이다. 한 곡의 노래가 사라지고, 우주의 악보에서 음계 하나가 사라질 것이다. 그러나 아무도 그대에게 이런 식으로 말해 주지 않았다.

그대 자신에 대한 불신을 없애는 것, 그대에게 쏟아진 온갖 비난을 거두어 버리는 것이 내가 하는 일이다. 그대를 그런 비난으로부터 자유롭게 하고, 사랑받고 존중받는다는 느낌을 심어 주는 것이 나의 역할이다. 신이 그대를 창조한 것은 그대를 사랑했기 때문이다. 신은 그대를 너무나 사랑한 나머지 그대를 창조하지 않고는 배길 수가 없었다.

화가가 그림을 그리는 이유는 그림을 사랑하기 때문이다. 빈센트 반 고흐Vincent van Gogh는 평생 태양을 그렸다. 그는 태양을 너무나 사랑했다. 실제로 그가 미친 이유는 태양 때문이었다. 그는 일 년 동안 뜨거운 태양 아래 서서 그림을 그렸다. 그의 인생 전체가 태양을 중심으로 돌아가고 있었다. 그는 많은 그림을 그렸지만 만족하지 못했다. 그러다가 마침내 원하던 그림을 완성한 날 "그래, 이것이 내가 그리고 싶었던 그림이야." 하고는 스스로 목숨을 끊었다.

"이제 내 일은 완성되었다. 평생토록 염원했던 일을 이루었다. 이제 내 운명은 완성되었으니 더는 사는 것은 무의미하다."

그는 평생 어떤 그림을 그리려고 그렇게 헌신했던 것일까? 그는 태양을 미칠 정도로 사랑했음이 틀림없다. 그래서 오랫동안 태양을 응시했고, 이것이 그의 눈을 멀게 하고 결국은 미치광이 상태로 몰아갔다.

시인이 시를 짓는 이유는 시를 사랑하기 때문이다. 신은 그대를 그리고, 그대를 노래하고, 그대를 춤춘다. 신은 그대를 사랑한다! 만일 이 '신'이라는 단어가 그대에게 아무런 감흥도 불러일으키지 못한다면 다른 어떤 말로 불러도 상관없다. 존재계라 해도 좋고 우주라 해도 좋다. 이 존재계는 그대를 너무나 사랑한다. 그렇지 않았다면 그대는 여기에 존재하지도 않았을 것이다.

그대 자신을 있는 그대로 받아들이고 릴랙스Relax하라. 온 우주가 그대를 돌보고 사랑한다. 그대의 호흡이 계속되고 심장이 계속 박동하는 이유가 그것이다. 우주로부터 무한정 쏟아져 내리는 사랑과 존중, 신뢰를 느끼기 시작할 때, 그때 그대는 자신의 존재 깊숙이 뿌리를 내리기 시작할 것이다. 그대는 자신을 신뢰하게 될 것이다. 이때 비로소 그대는 나를 신뢰할 수 있다. 먼저 그대 자신에 대한 신뢰가 있어야만 친구, 아이들, 남편, 아내를 신뢰하는 것이 가능하다. 그때 비로소 나무와 동물들, 별과 달을 신뢰할 수 있다. 삶 전체가 신뢰의 흐름이 된다. 무엇을 신뢰하느냐 하는 문제는 더는 발생하지 않는다.

신뢰의 대상은 문제가 아니다. 그저 신뢰가 있을 뿐이다. 그리고 이런 신뢰가 곧 종교적 인간이 되는 길이다.

이것이 산야스Sannyas의 모든 것이다. 산야스는 지금까지 사회가 행한 모든 것을 중단시킴을 의미한다. 성직자, 정치가, 부모들이 내게 반대하는 것은 우연이 아니다. 기득권층 모두가 나를 반대한다. 이것은 결코 우연한 일이 아니다. 나는 이런 현상의 저변에 깔린 논리를 분명하게 이해하고 있다. 나는 그들이 행한 모든 것을 중단시키려 하고 있다. 나는 이 사회의 노예적 패턴 전부를 무너뜨리려 하고 있다.

나는 혁명가들을 양산하려고 애쓰고 있다. 혁명가가 되는 출발점은 자기 자신에 대한 믿음이다. 그대 자신에 대한 신뢰감을 갖도록 도움을 주었다면 나는 내 할 일을 다한 것이다. 그것 외에 다른 것은 필요하지 않다. 자기 자신에 대한 신뢰만 있으면 다른 모든 것은 저절로 따라온다.

타인과 친해지는 길

사랑하는 두 사람이 상대방에게 아무것도 감추지 않을 때, 상대방이 상처받을까 봐 염려하는 마음 없이 어떤 말이라도 할 수 있을 때, 이때 비로소 그들 사이에는 진실로 깊은 신뢰가 형성된다.

두 연인이 서로에 대해 완전히 가슴을 열었을 때 그들은 상대방을 두려워하는 마음이 없다. 아무것도 감추지 않는다. 이것이 진정한 친밀함이다. 그들은 상대방이 상처받을까 봐 염려하지 않고 무슨 말이든 할 수 있다. 만일 상대방이 상처받을까 봐 염려하는 마음이 남아 있다면 그들은 아직 친밀한 관계가 아니다. 그것은 일종의 타협이며, 이런 관계는 어떤 이유에 의해서도 쉽게 깨질 수 있다. 사랑하는 두 사람이 상대방에게 아무것도 감추지 않을 때, 상대방이 상처받을까 봐 염려하는 마음 없이 어떤 말이라도 할 수 있을 때, 이때 비로소 그들 사이에는 진실로 깊은 신뢰가 형성된다. 이렇게 깊은 신뢰가 있을 때는 굳이 말로 표현하지 않아도 상대방의 마음을 알게 된다. 그들은 하나가 된다.

자신의 내면을 보여주는 용기

삶은 순례 여행과 같다. 그러나 사랑이 없으면 이 여행은 계속 같은 장소를 맴돌 뿐 아무 데도 이르지 못한다. "이제 나는 목적지에 도달했다. 이제 나는 내가 이루고자 하던 것을 성취했다. 씨앗이 싹터 꽃으로 피어났다."라고 말할 수 있는 순간은 영영 오지 않는다. 삶이 여행이라면 사랑은 그 목적지다. 목적지 없는 여행은 방향 감각 없이 우왕좌왕하는 것에 불과하다. 이런 여행은 그대를 조현병 환자로 몰아갈 것이다. 오늘은 남쪽으로 가고 내일은 북쪽으로 간다. 그대는 주변 상황에 따라 이리저리 흔들릴 것이다. 모든 것이 우연의 산물이다. 뚜렷한 목적의식이 없다면 그대는 정처 없이 부유하는 통나무와 같다. 그런 상태로는 아무리 먼 거리를 여행해도 달라지는 것이 없다. 조금도 나아가지 못할 것이다. 목적지가 분명해야 한다. 거리는 문젯거리가 되지 않는다. 나아가는 방향이 분명하면 아무리 먼 거리도 문젯거리가 될 것이 없다.

지향하는 목적지가 분명하면 수천 마일도 먼 거리가 아니다. 올바른 방향으로 나아가기만 한다면 아무리 먼 거리도 걱정할 것이 없다. 그런데 나아가는 방향이 잘못되었거나 그저 이리저리 헤매면서 우왕좌왕하는 것에 불과하다면 그대의 삶 전체가 붕괴하기 시작한다. 이것이 우리의 삶을 파괴하는 신경증의 정체이다. 우리는 어디로 가야 하는지, 무엇을 하고 어떤 사람이 되어야 하는지 모르는 상태에서 좌충우돌한다. 마음속에 어두운 공허감이 자리 잡고 끝없는 공포심이 솟아난다. 그래서 사람들은 두려움에 질려 살아간다. 그들은 이런 두려움을 감추고 남에게 보여 주려 하지 않겠지만 그들 모두가 두려움 속에서 살아간다는 사실에는 변함이 없다. 그대가 타인과 가까워지는 것을 겁내고 꺼리는 이유가 여기에 있다. 타인이 너무 가까이 접근하면 그대 안의 어두운 상처를 들킬까 봐 두려운 것이다.

친밀함을 뜻하는 영어 단어 Intimacy는 Intimum이라는 라틴어에서 나왔다. Intimum은 내면의 영토, 내면의 핵심을 뜻하는 말이다. 그러므로 그대의 내면에 무엇인가 갖고 있지 못하는 한 타인과 친해지는 것은 불가능하다. 다른 사람들이 그대의 공허한 내면을 들여다볼까 봐 두렵기 때문이다. 그들은 그대 내면의 상처를 들여다볼지도 모른다. 그 상처로부터 피고름이 줄줄 흘러나오고 있다. 그대는 자신이 누구인지도 모르는 미치광이일 뿐이다. 그대는 자신이 어디로 가는지 모른다. 내면 깊은 곳에서 우러나오는 그대만의 노랫소리를 들어본 적이 없다. 그대의 삶은 질서 없이 모든 것이 뒤죽박죽된 거대한 카오스Chaos에 불과하다. 그대는 이런 자신의 모습을 들킬까 봐 두려워한다. 이것이 타인과 친밀해지지 못하는 이유이다.

서로 사랑한다고 말하는 연인들도 가슴을 열고 친밀해지는 경우는 극히 드물다. 성관계를 맺었다고 해서 친밀한 관계가 되는 것은 아니다. 성적인 쾌감은 표피적인 것일 뿐 친밀함의 전부는 아니다. 친밀함은 성적 쾌감과 병행될 수도 있고 아닐 수도 있다. 사실, 친밀함은 성적인 요소와 무관한 전혀 다른 차원의 일이다. 진실로 친밀한 관계에서는 타인이 그대 안으로 들어오도록 허용한다. 상대방을 초대하여 그대 내면의 가장 깊은 곳까지 낱낱이 볼 수 있도록 허용한다. 현대사회에서는 이런 관계가 점점 사라져 가고 있다. 이제 우정은 공허한 단어에 불과하다. 그 단어의 의미는 이미 사라진 지 오래다. 그 이유는 우리 안에 타인과 나누어 가질 만한 것이 없기 때문이다. 누가 자신의 빈곤한 내면을 보여주고 싶겠는가? 그저 "나는 내면이 풍요로운 사람이다. 나는 뜻하는 바를 이루었다. 나는 내가 무엇을 하고 있는지, 내 삶이 어디로 가고 있는지 분명히 알고 있다."라고 말하면서 허세를 부릴 뿐이다.

가슴을 활짝 열고 내면의 혼란과 상처를 보여 줄 만큼 용기 있는 사람은 매우 드물다. 우리는 그럴 준비가 되어 있지 않다. 상대방에게 약점을 잡힐지도 모른다는 두려움이 우리를 지배한다. 나의 내면이 혼란 상태라는 것을 알면 상대방이 나를 지배하려 들지 모른다. 내가 나 자신의 주인이 아니라는 것을 알면 상대방이 나의 주인 행세를 하려 들지도 모른다. 그래서 우리는 내면의 절망적인 상태를 내보이지 않음으로써 우리 자신을 보호하려 한다. 이 험악한 세상에서 남에게 착취당하고 이용당할까 봐 두렵기 때문이다.

우리 삶의 최종 목적지는 사랑이다. 일단 지향하는 목적지가 분명해지면 그대의 삶은 풍요로운 내면의 영토를 일구기 시작한다. 상처가 아물고 그 자리에 연꽃이 피어난다. 상처가 아름다운 연꽃으로 변형된다. 이것이 사랑의 기적이다. 이 세상에 사랑보다 더 위대한 기적은 없다. 사랑보다 큰 힘은 없다. 이 사랑의 에너지를 이용할 줄 아는 삶은 '신'이라 불리는 최고의 봉우리에 도달한다. 그러나 사랑의 힘을 이용할 줄 모르는 사람은 어두운 골짜기를 기어다니는 신세에서 벗어나지 못한다. 그는 햇빛 찬란한 삶의 정상에 오르지 못한다.

개인적 삶의 필요성

우리의 존재에는 안과 밖이라는 두 가지 측면이 있다. 표피적인 면은 대외적인 것이 될 수 있지만, 안쪽의 내밀한 부분은 결코 대외적인 것이 될 수 없다. 내적인 부분까지 대외적인 것으로 만들려고 한다면 그대는 영혼을 잃고 말 것이다. 그대 본연의 얼굴을 망각하게 될 것이다. 그렇게 되면 그대는 내면의 중심을 잃고 공허한 삶을 살게 될 것이다. 이것이 대중을 상대하는 정치인이나 연예인들에게 흔히 일어나는 일이다. 그들은 대중을 상대하면서 자기 내면의 고유한 존재를 잃어버린다. 그들은 대중의 의견을 제외하고는 자기 자신이 누구인지조차 알지 못한다. 모든 것을 타인의 시선에 의존하기 때문에 자기 존재에 대한 감각이 없다.

유명한 여배우 마릴린 먼로Marilyn Monroe는 자살로 생을 마감했고, 정신과 의사들은 그 이유에 관해 연구해 왔다. 그녀는 뛰어난 미모뿐만 아니라 가장 성공한 배우 중의 한 사람이었다. 그녀는 세상을 호령하던 미국 대통령 존 에프 케네디John F. Kennedy의 마음을 사로잡았고, 수많은 사람이 그녀를 사랑했다. 더는 필요한 것이 없을 만큼 그녀는 모두 것을 이루었다.

그러나 그녀의 삶은 철저하게 대외적인 것이었고, 그녀도 이런 사실을 알고 있었다. 그녀는 케네디와 밀회를 즐기는 곳에서도 그를 '대통령 각하'로 호칭했다. 마치 한 남자가 아니라 하나의 조직을 상대하는 듯했다.

사실 그녀의 삶 자체가 하나의 대외적인 조직 같은 것이었다. 서서히 그녀는 자신에게 개인적인 삶이 없다는 것을 깨달았다. 모든 것이 노출되고 벗겨진 상태였다. '내 삶'이라고 할 만한 것이 없었다. 그녀가 자살한 이유는 그것이 그녀가 개인적으로 할 수 있는 유일한 행동이었기 때문이다. 내가 보기엔 그렇다. 모든 것이 대외적인 반응에 따라 행해졌고, 이제 그녀가 자기 의지대로 할 수 있는 단 하나의 일은 자살밖에 없었다. 대중에게 노출된 공인公人들은 자살 충동을 강하게 느낀다. 어렴풋하게라도 자신이 누구인지 느낄 수 있는 길은 자살밖에 없기 때문이다.

아름다운 모든 것은 내적인 것이다. 그리고 내적인 것이란 사적인 영역을 의미한다. 섹스를 할 때 여성을 관찰해 보라. 여성은 성행위

중에 눈을 감는다. 이것은 여성이 무엇인가를 알고 있기 때문이다. 남성은 성행위 중에도 눈을 뜨고 있다. 그는 행위에 전체적으로 몰입하지 못한다. 그는 다른 사람의 행위를 훔쳐보는 것처럼 행동한다. 텔레비전 연속극이나 영화를 보는 것처럼 그는 눈을 뜨고 모든 것을 지켜본다. 그러나 여성은 다르다. 여성은 내적인 현상에 대해 훨씬 잘 알고 있다. 내면으로 들어가는 데 있어서 여성은 훨씬 더 섬세하고 민감하다. 그래서 여성은 눈을 감는다. 이렇게 눈을 감았을 때 사랑의 행위는 전혀 다른 향기를 갖게 된다.

한 가지 실험을 해보라. 밤에 욕실에 들어가 불을 껐다 켰다 반복하면서 어떤 차이점이 있는지 느껴 보라. 불을 끄면 물 떨어지는 소리가 훨씬 잘 들린다. 소리가 더 분명해진다. 불이 켜져 있는 상태에서는 소리가 그렇게 또렷하지 않다. 왜 이런 차이점이 생기는 것일까? 어둠 속에서는 시각이 차단되기 때문에 소리를 제외한 모든 것이 사라진다. 오직 그대와 소리만 남는다. 고급 식당에서 조명을 어둡게 하고 촛불을 사용하는 이유가 여기에 있다. 조명이 어두우면 음식 맛이 더 깊어진다. 미묘한 향기가 그대를 감싸고 은밀한 맛이 느껴진다. 그러나 불을 환하게 켜면 그 맛과 향이 사라진다. 시각이 활성화되면서 모든 것을 드러내 버리기 때문이다.

그리스의 철학자 아리스토텔레스는 그의 저서『형이상학 Metaphysics』첫 번째 구절에서 "시각은 인간이 지닌 가장 고차원의 감각이다."라고 말했다. 그러나 그는 틀렸다. 사실, 시각은 분에 넘치는 대접을 받아왔다. 마치 자기가 최고인 것처럼 허세를 부리면서 다른 감각 기관들을 무시해 왔다. 아리스토텔레스의 스승인 플라톤은 우리의 감각 기관에 위계질서가 있다고 말했다. 시각이 최고이고 촉각이 가장 아래에 있다는 것이다. 그러나 그의 말은 완전히 틀렸다. 감각 기관에는 어떤 위계질서도 없다. 모든 감각 기관이 평등하다. 특정한 감각 기관을 우대하는 위계질서 같은 것이 개입되어서는 안 된다.

우리 생활의 대부분은 눈을 통해 이루어진다. 80% 이상이 시각 중심으로 편향되어 있다. 이래서는 안 된다. 모든 감각 기관이 공평하게 활동하도록 균형을 회복해야 한다. 촉각도 시각만큼 중요하다. 촉각은 눈이 주지 못하는 느낌을 준다. 사랑하는 사람을 환한 곳에서 만져 보고, 또 어두운 곳에서도 만져 보라. 어둠 속에서는 몸 자체에 대한 느낌이 더 살아난다. 환한 곳에서는 그런 느낌이 사라진다.

르누아르Renoir의 그림을 본 적이 있는가? 그의 그림 속에서 여성의 몸은 놀랄 만큼 생생하게 느껴진다. 많은 화가가 여성의 몸을 그렸지만, 르누아르에 필적할 만한 화가는 없다. 무엇이 다른가? 다른 화가들은 눈에 보이는 여체를 그렸지만, 르누아르는 손에 만져지는 듯한 여체를 그렸다. 그래서 그가 그린 여성의 몸은 온기와 친밀감이 살아 있다.

어떤 사물을 손으로 만질 때는 훨씬 가깝게 느껴진다. 그러나 눈으로 보는 사물은 동떨어져 있는 느낌이다. 어두운 곳, 비밀스럽고 사적인 공간에서는 무엇인가 드러난다. 그것은 시장처럼 개방된 장소에서는 드러나지 않는 어떤 곳이다. 개방된 곳에서는 다른 사람들의 눈길을 의식해야 하고, 그대 안에 깊이 숨어 있는 어떤 것이 더 움츠러든다. 꽃처럼 피어나지 못한다. 이것은 사람들의 왕래가 잦은 거리에 씨앗을 뿌리는 것과 같다. 씨앗은 싹을 틔우지 못할 것이다. 씨앗에게는 대지의 어두운 자궁, 아무도 볼 수 없는 깊은 공간이 필요하다. 그곳에서부터 싹이 트고 거대한 나무로 자란다.

씨앗이 어둠과 사적인 영역을 필요로 하듯이 인간관계가 친밀하고 깊어지려면 내적인 영역이 필요하다. 프라이버시가 보장되는 두 사람만의 공간이 있어야 한다. 그래야만 두 사람이 서로에게 녹아들어 하나가 되는 기적이 일어난다.

두 연인이 깊은 조화 속에서 서로를 향해 용해될 때 그들은 한 사람처럼 존재한다. 그들은 함께 숨 쉬고 함께 존재한다. 완전한 합일이 이루어진다. 그러나 만일 누군가 지켜보는 사람이 있었다면 이런 일은 가능하지 않았을 것이다. 그들은 자신을 완전히 방임할 수 없었을 것이다. 타인의 눈길이 걸림돌이 된다. 이렇듯 세상에서 아름답고 의미 깊은 모든 일은 은밀한 어둠 속에서 일어난다.

인간관계에는 사적인 영역이 필요하다. 비밀스러움은 그 자체로 타당한 존재 이유가 있다. 대중 앞에 낱낱이 공개된 삶은 어리석은 행동을 되풀이할 수밖에 없다. 이것은 호주머니를 밖으로 뒤집어 놓은 꼴과 같다. 대중을 지향하는 삶은 이렇게 우스꽝스러운 모습을 하고 있다. 물론 외부를 향해 열려 있다는 점에는 아무 잘못도 없다. 하지만 명심하라. 외부를 향해 열려 있는 것은 삶의 일부분이다. 그것이 삶의 전부가 되어서는 안 된다.

내 말은 영원히 어둠 속에서 살아가라는 뜻이 아니다. 밝은 빛은 그 나름대로 고유의 아름다움과 타당한 존재 이유가 있다. 만일 씨앗이 햇빛을 거부하고 영원히 어둠 속에 있기만 고집한다면 어떻게 되겠는가? 그 씨앗은 죽고 말 것이다. 씨앗이 어둠 속으로 들어가는 이유는 그곳에서 생명 에너지를 얻어 다시 태어나기 위함이다. 땅속에서 힘을 얻은 씨앗은 밖으로 나와 세상을 마주 대해야 한다. 빛과 바람과 빛줄기를 맞아야 한다. 외부에서 오는 도전을 받아들여야 한다. 그러나 이런 도전을 받아들이려면 먼저 땅속 깊이 뿌리를 박아야 한다.

내 말을 세상에서 도피하라는 뜻으로 오해하지 마라. 내 말은 눈을 감고 안으로 들어가 영원히 그곳에서 나오지 말라는 뜻이 아니다. 내가 내면으로 들어가라고 말하는 의미는 그곳에서 사랑과 자비의 에너지를 얻어 밖으로 나오라는 것이다. 내면으로 들어가는 이유는 거지가 아닌 황제가 되어서 나오기 위함이다. 안으로 들어가 다른 사람들과 나누어 가질 만한 어떤 것을 가지고 나와라. 안으로 들어가는 이유는 더 가난해지기 위함이 아니라 더 부유한 사람이 되기 위함이다. 원기가 고갈된 것을 느낄 때마다 에너지의 근원은 내면에 있음을 명심하라. 눈을 감고 안으로 들어가라.

타인들과 외적인 관계를 맺음과 동시에 그대 자신과의 내적인 관계에 충실하라. 외적인 관계는 당연히 필요한 것이다. 그대는 세상 속에서 살아가야 하고 사업적인 관계도 필요하다. 그러나 그것이 전부가 되어서는 안 된다. 외적인 관계에서도 나름대로 주어진 역할이 있지만, 그런 관계 외에 절대적으로 비밀스럽고 사적인 삶, 누구에게도 간섭받지 않는 그대만의 삶이 있어야 한다.

이것이 마릴린 먼로에게 없었던 점이다. 그녀는 철저한 공인公人이었다. 겉으로는 성공한 것처럼 보였지만 완전히 실패한 삶이었다. 그녀는 최정상에 있을 때 자살로 생을 마감했다. 그녀가 자살한 이유는 아직도 밝혀지지 않고 있다. 그녀는 모든 것을 이루었다. 그녀는 명예, 성공, 아름다움, 건강 등 모든 면에서 부족한 점이 없었다. 더는 좋은 상황은 없는 것처럼 보였다. 그녀는 모든 것을 가졌고 더는 얻을 게 없었다. 하지만 그런데도 그녀에게는 무엇인가 빠져 있었다. 내면이 빠져 있었다. 모든 것을 이루었음에도 그녀의 내면은 공허했다. 이제 남은 것은 자살하는 길밖에 없었다.

그대가 지금까지 살아 있는 이유는 어쩌면 마릴린 먼로처럼 자살할 용기가 없기 때문일지도 모른다. 그대는 겁쟁이라 마릴린 먼로처럼 단번에 생을 끝내지 못하고 점진적인 자살을 택했을 수도 있다. 그 자살을 마감하는 데 70년쯤 걸리겠지만 어쨌든 자살은 자살이다. 외부에 의존하지 않는 어떤 것이 그대의 내면에 있어야 한다. 그대만의 세계, 외부의 모든 것을 잊고 조용히 침잠해 들어갈 수 있는 그대만의 공간이 있어야 한다. 그렇지 않다면 그대의 삶은 점진적인 자살일 뿐이다.

내면의 근원에서 솟아나 바깥 하늘로 퍼져나가는 것이 삶이다. 거기엔 균형이 있어야 한다. 나는 항상 균형을 강조한다. 그러므로 내 말은 그대의 삶이 활짝 펼쳐진 책처럼 되어야 한다는 말이 아니다. 책의 몇 장이 공개된 것은 좋지만 나머지 몇 장은 완전히 밀봉된 채로 남아 있어야 한다. 비밀스러운 상태로 유지되어야 한다. 모든 것이 공개된 삶은 거리에 벌거벗고 서서 행인을 유혹하는 매춘부의 삶과 같다. 그런 삶을 살아서는 안 된다.

활짝 펼쳐진 책처럼 모든 것이 공개된 삶은 밤이 없고 낮만 있는 것과 같다. 겨울이 없고 여름만 있는 것과 같다. 어디에서 휴식을 취하고 피난처로 삼을 수 있겠는가? 세상이 힘겹게 느껴질 때 어디로 갈 것인가? 어디에 가서 기도하고 명상할 수 있겠는가? 그대 삶의 절반은 완전히 펼쳐 놓아라. 누구든지 다가와서 그 책을 읽을 수 있게 하라. 그러나 나머지 절반은 비밀스럽게 남겨 두어라. 그대가 초대한 극소수의 손님들만 와서 그 책을 읽을 수 있게 하라.

그대 내면의 사원에는 극소수의 사람들만 초대하라. 무수한 사람들이 오가는 곳은 더는 사원이 아니다. 그런 곳은 공항 대기실 같은 곳이지 성스러운 사원이라고 하기는 힘들다. 아주 소수의 사람만이 그대 안으로 들어오도록 허용하라. 이것이 사랑이다.

우리는 언제나 타인과 함께 살아간다. 엄마의 자궁 밖으로 나오는 순간부터 인간은 혼자가 아니다. 그는 엄마, 가족, 친구 등 온갖 사람들과 더불어 살아간다. 인간관계와 교제의 범위가 점점 넓어지고 그는 군중 속에 묻혀 버린다. 이것이 우리의 삶이다. 더 많은 사람에게 둘러싸일수록 우리는 삶이 풍족해지는 것으로 생각한다.

그러나 내면으로 들어가기 시작하면 모든 타인의 얼굴이 희미해진다. 그대를 에워싸고 있던 군중이 흩어지기 시작한다. 내면으로 들어갈 때는 모든 이들에게 작별 인사를 고해야 한다. 그대의 가장 가까운 친구와 연인에게도 그렇게 해야 한다. 내면으로 들어가다 보면 사랑하는 연인조차도 그대와 함께 할 수 없는 지점에 도달한다. 그대는 엄마의 자궁 속에 있었던 때와 똑같은 상황을 맞게 된다. 자궁 속에서 그대는 군중에 대해 아는 바가 없었다. 그대는 철저하게 혼자였지만 외로움을 느끼지 않았다. 엄마의 자궁 속에서 아기는 완벽하게 행복했다. 비교할 대상이 없었기 때문이다. 그에게는 타인이라는 개념 자체가 없었으므로 외롭다거나 혼자라는 생각조차 없었다. 자궁 속의 세상이 그가 아는 유일한 현실이었다.

그러나 이제 그대는 대중과 인간관계에 둘러싸여 있다. 관계에서 오는 기쁨이 있는가 하면 관계 때문에 불행을 맛보기도 한다. 내면으로 들어가면 세상이 사라지기 시작한다. 세상이 아련한 메아리처럼 사라지고 급기야 그대 자신조차 사라지는 것 같은 느낌이 든다. 그러나 이것은 불필요한 걱정이다. 거기서 조금만 더 깊이 들어가면 돌연 그대 자신과 만나게 된다. 난생처음으로 그대 자신과 우연히 만나게 될 것이다. 이때 그대는 놀라운 일을 겪을 것이다. 군중 속에서 그대는 행방불명된 존재였지만 이제는 아니다. 그대는 관계의 정글 속에서 실종된 존재였지만 이제는 집으로 돌아왔다.

내면에서 이런 느낌을 얻고 세상 속으로 다시 돌아왔을 때 그대는 전혀 다른 사람이 되어 있을 것이다. 이제 그대는 타인과 관계를 맺어도 상대방에게 의존하지 않는다. 이제 그대의 사랑은 결핍에서 비롯된 욕구가 아니다. 사랑하되 소유하지 않으며, 사랑하되 질투하지 않는다. 질투와 소유욕이 없는 사랑은 신성하다. 이제 비로소 그대는 사람들과 함께할 수 있다. 사실, 사람들과 더불어 살아가기 위해서는 먼저 그대가 존재해야 한다. 이제 그대는 그대 자신으로 존재한다. 예전에 그대는 존재하지도 않았다. 그러므로 사람들과 더불어 살아간다는 생각은 헛된 꿈이며, 환상에 불과한 것이었다.

그대가 존재하지 않는데 어떻게 타인과 관계를 맺을 수 있겠는가? 그대가 존재하지 않는데 어떻게 타인과 더불어 살아갈 수 있겠는가? 먼저 그대가 내면에 뿌리를 내리고 자기 자신이 누구인지 알아야 한다. 그러지 못하는 한 타인과 관계를 맺는 것은 불가능하다. 자신에 대한 앎이 없다면 모든 관계는 껍데기뿐인 환상에 불과하다. 상대방은 그대와 연결되어 있는 것으로 생각하고, 그대는 상대방과 연결되어 있는 것으로 생각한다. 그런데 그대는 자신이 누구인지 모르고, 상대방도 자신이 누구인지 모른다. 이런 상황에서 누가 누구와 연결되어 있단 말인가? 거기에 아무도 없는데 어떻게 관계가 형성되겠는가? 그저 두 개의 그림자가 게임을 벌이고 있을 뿐이다. 아무런 실체가 없다. 이것은 내가 줄곧 관찰해 온 현상이다. 사람들은 서로 관계를 맺고 있는 것처럼 보이지만 그 속에는 실체가 없다. 그들은 관계를 형성하지 않으면 외로움과 상실감에 빠질까 봐 두려워한다. 그래서 쫓기듯이 아무 관계나 만들어내고 있는 것이다. 어떤 관계라도 상관없다. 아무 관계라도 없는 것보다는 낫다. 심지어 적대적인 관계라도 좋다. 최소한 누군가와 관계가 형성되어 있다는 안도감을 가질 수 있다. 그대가 소위 '사랑'이라고 부르는 것은 일종의 적개심이다. 싸우고, 마찰을 일으키고, 잔소리를 퍼붓고……. 상대방을 지배하는 데 있어서 좀 더 예의 바른 방식으로 행동하는 것을 우리는 사랑이라고 부른다. 서로를 좀 더 세련되고 문화적인 방식으로 고문하는 것, 이것이 우리가 말하는 사랑의 정체다.

내면으로 들어가라. 용기를 내어 더 깊이 들어가라. 아주 슬프고 외로운 감정이 일어날 수도 있겠지만 걱정할 필요가 없다. 그 정도의 대가는 지불해야 한다. 일단 그대 안의 근원에 도달하면 모든 것이 완전하게 바뀐다. 그대는 개체적 존재Individual가 되어서 돌아올 것이다. 이것이 내가 말하는 Individual과 Person의 차이점이다. 사회 속에서의 개인Person은 허구이며 개체적 존재Individual만이 실체이다. 퍼스널리티Personalities는 그림자이며 가면일 뿐이다. 개체성Individuality만이 실체이다. 개체적 인간만이 타인과 관계를 맺고 사랑할 수 있다. 사회 속에서의 개인은 그저 게임을 하는 것일 뿐이다.

교류와 관계

　사랑은 그대의 내면이 기쁨으로 충만한 상태이다. 그대 안에서 춤이 일어난다. 그대의 중심부로부터 무엇인가 고동치고 빛을 발하기 시작한다. 그대 주변에 미묘한 진동이 일어난다. 그 진동이 퍼져 나가 모든 사람에게 전달된다. 바위와 나무, 별들에게까지 그 진동이 전달된다.
　내가 말하는 사랑은 이런 사랑을 뜻한다. 내가 '사랑'이라는 단어를 사용할 때마다 항상 이것을 명심하라. 내가 말하는 사랑은 관계가 아니라 존재의 상태를 의미한다. 관계는 사랑의 극히 일부 측면에 지나지 않는다. 그런데 사람들은 이 '사랑'이라는 개념을 관계 속에 나타나는 현상인 것처럼 오해한다. 마치 관계가 사랑의 전부인 양 착각한다.

관계가 필요한 이유는 그대에게 홀로 존재할 능력이 없기 때문이다. 그대는 아직 명상할 능력이 없다. 진실로 사랑하기를 원한다면 명상이 선행되어야 한다. 절대적으로 혼자 존재할 수 있는 능력을 키워야 한다. 홀로 있되 무한한 기쁨으로 충만한 상태가 되어야 한다. 그래야만 진실한 사랑이 가능하다. 이때 그대는 사랑을 통해 무엇인가를 요구하지 않는다. 그대는 아무 조건 없이 나누어 준다. 이제 그대는 상대방에게 의존하지 않는다. 그대는 사랑을 통해 무엇인가 나누어 주고, 이 나눔은 무한한 아름다움으로 빛난다.

그러나 세상에서 흔히 일어나는 일은 이와 다르다. 그대 안에는 사랑이 없다. 그대의 연인에게도 사랑이 없다. 그런 상태에서 서로에게 사랑을 요구하고 있을 뿐이다. 두 명의 거지가 마주 서서 서로에게 구걸하는 꼴이다. 이러니 연인 사이에 다툼이 일어나는 것은 당연하다. 아주 사소한 일들 때문에, 별로 중요하지도 않은 어리석은 일들 때문에 말다툼이 그치지 않는다.

다툼이 일어나는 이유는 이렇다. 남편은 자기가 당연히 받아야 하는 것을 받지 못한다고 생각한다. 아내 역시 똑같은 생각을 갖고 있다. 아내는 속았다는 생각을 하고, 남편 역시 속았다고 생각한다. 거기에 무슨 사랑이 있겠는가? 모든 이가 받으려고만 할 뿐 주는 문제에 대해서는 신경 쓰지 않는다. 그리고 모든 이가 받는 데 혈안이 되어 있지만 아무도 받지 못한다. 그래서 모두가 공허와 상실감에 시달린다.

이런 현상이 벌어지는 이유는 기본 토대가 없기 때문이다. 그대는 기반을 다지지도 않고 무작정 집을 지으려 한다. 그 집은 언제라도 무너져 내릴 것이다. 돌이켜 보라. 그대가 지으려 했던 사랑의 집은 얼마나 여러 차례 무너져 내렸던가? 그런데도 그대는 계속해서 똑같은 어리석음을 반복하고 있다.

그대는 지금까지도 이런 어리석음을 깨우치지 못했다. 지금까지 자신의 삶에 대해, 그리고 타인의 삶에 대해 무엇을 해왔는지 자각하지 못한다. 전부터 똑같은 짓을 해왔음을 잘 알면서 여전히 기계적으로 그 일을 되풀이하고 있다. 로봇처럼 기존의 패턴을 반복한다. 그대는 지금까지 어떤 결과가 나왔는지 잘 알고 있다. 그리고 마음 깊은 곳에서는 앞으로도 똑같은 결과가 벌어지리라는 것을 감지하고 있다. 지금까지 해온 것과 아무 차이도 없는 행동을 되풀이하고 있기 때문이다. 그대는 똑같은 결말, 똑같은 파멸을 준비하고 있을 뿐이다.

실패한 사랑으로부터 교훈을 얻은 사람은 더 주의 깊고 명상적인 사랑을 하게 된다. 여기에서 내가 말하는 '명상'이란 혼자서도 기쁨으로 넘치는 능력을 뜻한다. 사실, 아무 이유 없이 기쁨으로 충만한 사람은 드물다. 조용히 앉아서 더없는 행복에 젖어 들 수 있는 사람은 참으로 드물다. 다른 사람들은 그를 미쳤다고 생각할 것이다. 왜냐하면 사람들은 행복을 타인에게서 오는 것으로 생각하기 때문이다. 예쁜 여자를 만났을 때 행복해지고, 멋있는 남자를 만났을 때 행복해진다. 그런데 방에 혼자 앉아서 행복으로 충만해진다고? 그런 사람은 미쳤음이 틀림없다! 사람들은 그를 마약에 취한 정신병자로 여길 것이다.

그렇다. 명상은 최고의 마약이다! 명상은 그대 안의 정신적 능력을 발현시킨다. 그대 안에 갇혀 있던 황홀한 빛을 밖으로 드러낸다. 이때 그대는 혼자 있어도 행복으로 충만하고, 존재의 중심부로부터 환희가 솟아오르기 때문에 어떠한 외적 관계도 필요하지 않다. 그대는 여전히 사람들과 교류하겠지만 이것은 일반적인 관계 이상의 것이다.

교류Relating와 관계Relationship는 큰 차이가 있다. 관계는 사물처럼 굳어 있는 것이다. 그대는 거기에 집착한다. 그러나 교류는 흐름이고 움직임이며 진행 중인 하나의 과정이다. 어떤 사람을 만났을 때 그대는 사랑을 나누어 준다. 그대 안에 사랑이 넘쳐흐르기 때문이다. 더 많이 줄수록 그대는 더 충만해진다. 이것이 사랑의 마술이다. 주면 줄수록 더 많이 갖게 된다. 이것은 세상의 일반적인 경제 논리와는 정반대되는 법칙이다. 이런 법칙을 터득한 사람은 더 많은 사랑과 기쁨을 누리고 싶을수록 더 많은 것을 나누어 준다. 그리고 자신의 사랑을 받아 준 사람들에게 고마움을 느낀다.

이것은 정형화된 관계라기보다는 강물처럼 끊임없이 흘러가는 현상이다. 강은 나무 옆을 지나면서 인사를 건넨다. 나무에게 물과 양분을 나누어 주고 계속 흘러간다. 강은 나무에게 매달리지 않는다. 나무 또한 강을 붙잡으려 하지 않는다.

"우리는 결혼한 사이인데 당신은 어디로 가는 거야? 떠나기 전에 이혼 절차를 마쳐야지. 최소한 작별 인사라도 해야 할 것 아냐? 이렇게 떠날 작정이었다면 애초부터 왜 내게 와서 춤을 추며 유혹한 거지? 애초에 내게 양분을 준 이유가 무엇이었어?"

나무는 이렇게 말하지 않는다. 오히려 나무는 강물 위에 꽃잎을 떨어뜨려 고마움을 표시한다. 바람이 불어와 나무를 춤추게 한다. 그러면 나무는 그 바람에 향기를 보태어 준다.

이것이 진정한 교류Relating이다. 인류가 계속 성숙하여 진정한 의미에서 '성인'이 된다면 이런 방식의 사랑이 피어날 것이다. 서로 나누어 주고, 자유롭게 움직이고, 소유와 지배 욕구가 사라질 것이다. 그렇지 않다면 우리가 말하는 사랑은 권력 게임에 불과하다.

진실해지려면 위험을 감수하라

　관계를 유지하는 데만 몰두한다면 어떠한 관계도 진실로 성장할 수 없다. 그대 자신을 방어하면서 머리를 굴려 관계를 유지하려 한다면 두 사람의 가면이 만날 뿐 내면의 중심은 서로 동떨어져 있게 된다. 이때 상대방과 관계를 맺고 있는 것은 그대의 가면이지 그대 자신이 아니다. 그런 관계 속에서는 두 명이 아닌 네 명이 연루되어 있다. 두 명의 가짜 인간이 만남을 거듭하지만 진짜 두 인간은 멀리 떨어져 있다.

　진실에는 위험이 따른다. 두 사람의 관계가 과연 진실을 이해할 능력이 있는지, 이 관계가 거친 태풍을 이겨낼 만큼 강한 것인지는 아무도 모른다. 이런 위험 부담이 있기 때문에 사람들은 방어적인 태도를 보이기에 급급하다. 그들은 해야 할 말만 하고, 취해야 할 행동만 해야 한다고 말한다. 그래서 사랑은 어느 정도 의무적인 요식 행위가 되었다. 그 이면에서는 진실이 죽어간다. 본질적인 것이 압사당하고 있다. 거짓된 가면들이 무겁게 본질을 압박한다.

진실에 따르는 위험은 실제적인 것이다. 진실에는 어떤 보장도 따르지 않는다. 그러나 이런 위험은 감수할 가치가 있다. 최악의 상황에는 관계가 깨질 뿐이다. 기껏해야 그렇다. 진실을 외면하고 함께 사는 것보다는 진실에 충실하고 헤어지는 것이 낫다. 진실하지 못한 관계는 절대 만족을 가져다주지 않기 때문이다. 진실하지 못한 관계는 절대로 행복을 낳지 못한다. 그대는 언제나 갈증과 허기에 시달릴 것이다. 그리고 "언젠가는 기적이 일어나겠지." 하는 헛된 희망을 품고 질질 끌려가듯이 살아갈 것이다.

기적이 일어나도록 하기 위해서는 먼저 이 한 가지를 분명히 해야 한다. 진실하라! 물론 위험이 따른다. 그대의 관계는 어쩌면 진실을 감당할 만큼 강하지 못할 수도 있다. 진실이 너무나 냉엄해서 견디기 힘들지도 모른다. 그러나 만일 그렇게 약한 관계라면 더는 보존할 가치가 없다.

진정한 관계를 위해서는 먼저 시험을 통과해야 한다. 진실을 위해서라면 어떤 위험이라도 감수하라. 그렇지 않으면 항상 불만족스러운 상태를 벗어나지 못할 것이다. 아무리 노력해도 그대에게는 아무 일도 일어나지 않을 것이다. 아무리 나아가도 어디에도 도달하지 못할 것이다. 모든 노력이 무위로 끝날 것이다. 이것은 배고픈 사람이 맛있는 음식을 상상하는 것과 같다. 상상은 상상일 뿐이다. 그것은 실제가 아니다. 상상 속의 음식을 먹을 수 있는가? 잠시 동안 마음을 딴 데로 돌리고 꿈속에 빠져 있을 수는 있겠지만 이 꿈은 그대에게 아무것도 주지 않는다. 오히려 그대로부터 많은 것을 빼앗아 가고 아무것도 돌려주지 않을 것이다.

거짓된 인격체로 가면을 쓰고 살아온 인생은 순전히 시간을 낭비한 것에 불과하다. 그 시간은 다시 돌아오지 않는다. 그 시간에 진실한 인간이 될 수도 있었다. 평생 진실하지 못하게 사는 것보다는 단 한 순간을 살아도 진실하게 사는 것이 낫다. 그러니 두려워하지 마라. 마음은 상대방과 그대 자신을 보호해야 한다고 속삭일 것이다. 안전을 지켜야 한다고 말할 것이다. 이것이 사람들 대다수가 살아가는 방식이다.

프로이트는 말년에 친구에게 편지를 쓰면서 자신이 평생을 통해 관찰한 결과를 이야기했다. 프로이트만큼 인간에 대해 깊이 연구한 사람은 없다. 그만큼 집요하게 파고들어 학문적 성과를 이루어낸 사람은 전무후무하다. 그는 편지에서 이렇게 말했다.

"그동안 연구한 바에 따르면 한 가지 결론은 확실한 것 같다. 그것은 인간이 거짓 없이는 살아갈 수 없다는 사실이다."

진실은 위험하다. 그러나 거짓은 달콤하다. 실제하지 않지만 달콤하다. 그대는 연인에게 달콤한 거짓말을 늘어놓는다. 연인 또한 그대에게 달콤한 말을 속삭인다. 달콤하지만 아무 의미도 없는 말이다. 그러는 동안에 우리의 삶은 덧없이 흘러가고 죽음이 점점 가까워진다.

죽음이 오기 전에 한 가지 명심하라. 죽음을 맞기 전에 이 삶에서 사랑이 피어나야 한다. 그렇지 않으면 그대의 삶 전체가 허망하게 끝날 것이다. 풀 한 포기 없는 사막처럼 황량하게 생을 마감할 것이다. 죽음이 오기 전에 분명하게 자각하라. 이 삶에 사랑이 일어나야 한다. 이것은 진실이 함께할 때만 가능한 일이다. 그러니 먼저 진실해져라. 진실을 위해 모든 위험을 감수하라. 어떤 유혹이 있더라도 진실을 희생시키지 마라. 이것을 그대 삶의 기본 원칙으로 삼아라.

"만일 진실을 위해 목숨을 버려야 한다면 나는 기꺼이 그렇게 하겠다. 어떤 유혹이 있어도 나는 진실을 포기하지 않겠다."

그러면 엄청난 행복이 그대를 찾아올 것이다. 꿈도 꾸지 못했던 은총의 비가 그대 위에 쏟아져 내릴 것이다.

진실하기만 하면 모든 일이 가능하다. 그러나 거짓 가면을 쓰고 있는 상태에서는 어떤 일도 가능하지 않다. 거짓을 통해서는 거짓된 일만 일어나고, 진실을 통해서는 참된 일만 일어난다.

나는 연인들이 처한 상황을 이해한다. 그들의 마음 깊은 곳엔 두려움이 숨어 있다. 그들은 "이 관계가 진실을 견딜 만큼 강한 것일까?" 하고 의심한다. 그러나 시도해 보지도 않고 어떻게 아는가? 미리 알 수 있는 길은 없다. 직접 행해 보아야 한다. 그대는 집 안에 앉아서 "밖에 불고 있는 저 태풍을 내가 견딜 수 있을까?" 하고 의심한다. 태풍 속으로 들어가 보지 않고 그것을 어떻게 아는가? 나가서 직접 부딪쳐라! 실천과 실체를 통해서만 배움을 얻는다. 그것이 유일한 길이다. 직접 몸으로 부딪쳐 보라. 어쩌면 그대는 실패할지도 모른다. 그러나 그런 실패를 통해 지금보다 훨씬 더 강한 사람이 될 것이다.

한 번 실패하면 거듭해서 도전하라. 태풍을 맞으면서 그대는 점점 더 강해질 것이다. 그리고 어느 날엔가 태풍 속에서도 즐겁게 춤을 출 수 있는 날이 올 것이다. 이때 태풍은 적이 아니라 하나의 기회이다. 거칠긴 하지만 좋은 기회임이 틀림없다.

모든 난관은 그대의 존재성을 확립할 수 있는 좋은 기회다. 명심하라. 이 존재성은 편하게 얻어지는 것이 아니다. 만일 그랬다면 누구나 존재의 차원으로 쉽게 들어갔을 것이다. 모든 사람이 아무 문제 없이 존재성을 획득했을 것이다. 그러나 이 존재성은 위험을 무릅쓰고 모험을 감행할 때에만 얻어지는 것이다.

사랑에는 큰 위험이 도사리고 있다. 사랑은 그대에게 완전히 몸을 내던져 달라고 요구한다. 두려워 말고 뛰어들어라. 그대의 관계가 진실을 견뎌 낸다면 아름다운 일이다. 진실의 힘 앞에 그 관계가 깨진다 해도 역시 좋은 일이다. 하나의 거짓된 관계가 막을 내리고 이제 그대는 더 진실하고 견고한 관계 속으로 뛰어들 기회가 생긴 것이다.

거짓은 아무 보상도 해주지 않는다. 이것을 명심하라. 거짓은 겉으로는 큰 보상을 해줄 것처럼 보이지만 실제로는 아무 보상도 해주지 않는다. 오직 진실만이 그대에게 큰 보상을 안겨 준다. 진실은 처음에는 아무 보상도 해주지 않을 것처럼 보인다. 오히려 모든 것을 산산조각 낼 것처럼 보인다. 외부에서 보면 진실은 아주 위험해 보인다. 그러나 이것은 외부에서 보는 시각이다. 안으로 들어가면 진실만큼 아름다운 것이 없다. 진실한 것만이 아름답다. 일단 이 진실의 아름다움을 느끼기 시작하면 그대는 더 많은 진실을 원하게 될 것이다. 그 진실이 크나큰 충족감을 가져다주기 때문이다.

이런 현상을 관찰해 본 적이 있는가? 낯선 사람 앞에서는 진실한 모습을 보이는 것이 더 쉬워진다. 기차 여행을 하다가 낯모르는 사람을 만났을 때, 사람들은 친구에게도 보여주지 않았던 마음속의 말들을 쉽게 털어놓는다. 아무런 위험 부담이 없기 때문이다. 잠시 후면 기차가 역에 당도할 것이고 그대는 거기서 내리면 그만이다. 그대는 자신이 했던 말을 잊어버릴 것이고, 상대방 역시 그대가 했던 말들을 잊어버릴 것이다. 그러니 후환을 두려워할 필요가 없다. 낯선 사람 앞에서는 아무것도 위험하지 않다.

사람들은 낯선 사람 앞에서 더 진실해진다. 자신의 가슴을 쉽게 열어 보인다. 그러나 친구, 친척, 부모, 배우자, 형제자매 앞에서는 그렇지 못하다. 무의식 깊은 곳에서 금기가 그대를 지배하고 있기 때문이다.

"그런 말을 해서는 안 된다. 그가 상처받을지 모른다. 그런 행동을 하면 그녀가 좋아하지 않을 것이다. 그런 식으로 행동하지 마라. 연로한 아버지가 충격받을 것이다."

그래서 그대는 계속 자신을 통제하고, 진실은 점점 더 깊은 곳에 묻혀 버린다. 그대는 더 교활해지고 진실하지 못한 행동에 익숙해진다. 거짓 미소를 흘리며 듣기 좋은 말만 늘어놓는다. 아무 의미도 없는 말들을 반복한다. 그대는 남자 친구나 아버지에게 진력이 난 상태지만 "당신을 만나서 너무 좋아요." 하고 말한다. 그대의 존재 전체가 "이젠 제발 나를 혼자 내버려 둬요!" 하고 외치지만 겉으로는 전혀 티를 내지 않는다. 상대방 역시 똑같은 일을 하고 있다. 그래서 누구도 이런 사실을 자각하지 못한다. 우리가 모두 똑같은 상황에 부닥쳐 있다.

진실로 종교적인 사람은 목숨을 내걸고 이런 상황에서 벗어난 사람이다. 그는 이렇게 말한다.

"나는 진실을 지키거나 아니면 목숨을 버리거나 둘 중의 하나를 택하겠다. 어떤 경우에도 나는 거짓을 행하지 않겠다."

어떤 위험을 감수하더라도 진실을 행하라. 절대로 거짓된 길을 가지 마라. 그대가 속한 관계는 진실을 감내할 만큼 충분히 강한 관계일지도 모른다. 그런 경우라면 더없이 좋은 일이다. 사랑하는 사람 앞에서 진실하지 못하다면 어디 가서 진실할 수 있겠는가? 사랑하는 사람과 함께 있을 때도 진실을 두려워하고 무엇인가 감추고 있다면 이 세상 어디에서 완벽한 자유를 얻을 수 있겠는가?

이것이 사랑의 의미이다. 최소한 이 사람 앞에서는 완전히 벌거벗어도 된다는 느낌, 이것이 진정한 사랑의 의미이다. 그대는 상대방이 그대를 사랑하고 있음을 안다. 그는 그대를 오해하지 않을 것이다. 사랑에 대한 믿음이 있으므로 두려움이 생겨나지 않는다. 그 앞에서는 모든 것을 드러내도 좋다. 문을 활짝 열고 그를 내 안의 깊숙한 곳으로 불러들여도 좋다. 이런 사랑이 있을 때 우리는 서로를 향해 깊이 침잠해 들어간다.

사랑은 서로를 향해 침잠해 들어가는 것이다. 그러니 사랑하는 사람 앞에서는 절대적으로 진실하라. 나는 시장 바닥에 가서도 진실하라고 말하는 게 아니다. 지금 당장은 그것이 쓸데없는 문제를 일으킬 것이다. 먼저 그대의 연인부터 시작하라. 그런 다음에는 가족, 그다음에 관계가 먼 사람들로 확장해 나가라. 서서히 그대는 진실이 너무나 소중하고 아름답다는 것을 알게 될 것이다. 진실을 위해서라면 모든 것을 희생해도 좋다는 자신감이 생길 것이다. 그런 다음에 시장 바닥으로 들어가라. 이때 진실은 그대 삶의 방식 자체가 된다. 먼저 가장 가까이 있는 사람들에게 사랑과 진실을 행하라. 그들은 그대를 이해해 줄 것이다.

침묵의 언어를 배워라

그대의 인간관계는 형식적인 것이다. 그대는 그들과 수많은 말을 나누지만 아무 의미가 없다. 모든 말들이 그저 '시간 죽이기'에 불과하다.

그러나 한 사람과 더 가까워지고 친밀감이 싹트기 시작하면 그대의 말 한마디 한마디가 중요한 의미를 갖는다. 그에게는 무의미한 말장난을 할 수가 없다. 이젠 모든 것이 깊은 의미를 지니기 때문이다. 이때 간혹 말이 끊긴 침묵의 틈이 생긴다. 처음에는 그런 침묵이 아주 어색하게 느껴질 것이다. '무슨 말인가 해야 해. 그렇지 않으면 저 사람이 나를 어떻게 생각하겠어?' 하는 생각이 들 것이다.

그러나 관계가 더 가까워지고 사랑이 깊어질수록 말이 불필요해진다. 침묵의 순간이 자주 찾아온다. 사실, 사랑하는 사람과는 별로 말할 것이 없다. 낯선 사람과 있을 때는 할 말이 많지만 아주 친한 사람과 있을 때는 별로 할 말이 없다.

그런데 그대는 이런 침묵에 익숙하지 않기 때문에 그 순간을 아주 어색하게 느낀다. 그대는 침묵의 언어를 모른다. 그대가 아는 유일한 의사소통의 수단은 입에서 나오는 언어이다. 그대는 마음의 소리가 아닌 가슴의 침묵으로 교류하는 법을 모른다. 단지 이 자리에 존재하는 것만으로도 서로 교류하는 길이 있다는 것을 그대는 모른다. 그대는 계속 성장하고 있는데 교류의 수단은 여전히 낡아 빠진 것이다. 언어가 아닌 새로운 교류 수단을 배워야 한다. 그대가 성숙할수록 비언어적인 교류 방법이 필요해진다.

언어가 필요한 이유는 우리가 진실로 교류하는 법을 모르기 때문이다. 그 방법을 알게 되면 서서히 언어가 필요 없게 된다. 언어는 초등학교 수준의 방법이다. 진정한 교류 방법은 침묵이다. 그러니 언어가 부재한 상황을 부정적으로 인식하지 마라. 이것은 그대의 성장에 걸림돌이 된다. 연인 사이에 언어가 사라진다고 해서 잃는 것은 아무것도 없다. 그것은 잘못된 생각이다. 무엇인가 새로운 것이 들어오고 기존의 패턴은 그 새로운 것을 담아내기에 충분하지 않다. 이것은 아이가 성장함에 따라 예전에 입던 옷이 작아지는 것과 같다. 이것은 무엇인가를 잃는 게 아니다. 오히려 날마다 새로운 것이 보태지고 있는 것이다.

명상이 깊어질수록 그대의 사랑과 관계도 깊어진다. 그리고 마침내 침묵만 남는 순간이 올 것이다. 그러니 다음에 누군가를 만났을 때 말이 끊어지고 어색하게 느껴지는 상황이 오면 그것을 기쁘게 받아들여라. 침묵을 통한 교류가 일어나도록 허용하라.

언어는 그대가 사랑하지 않는 사람들과 만날 때에나 필요한 것이다. 사랑하는 사람과 있을 때는 언어가 필요 없다. 그대는 어린아이처럼 순진무구한 상태로 돌아가 침묵해야 한다. 물론 몸을 통한 표현은 일어날 것이다. 아무 말 없이 미소 지을 때가 있는가 하면 상대방의 손을 잡을 때도 있을 것이다. 아무것도 하지 않고 상대방의 눈을 들여다보며 침묵을 지킬 때도 있을 것이다. 두 사람의 존재가 만나 하나로 융해된다. 두 사람만 아는 어떤 일이 일어난다. 이것은 아주 깊은 곳에서 일어나는 일이기 때문에 두 사람 외에는 누구도 알 수 없다.

그 침묵을 즐겨라. 그 침묵의 순간을 느끼고 음미하라. 그러면 곧 침묵이 고유의 소통 방법을 갖고 있다는 것을 알게 될 것이다. 그 침묵의 교류는 훨씬 더 깊고 심오한 것이다. 훨씬 더 강렬하고 고차원적인 것이다. 이 침묵의 교류는 신성하다. 거기엔 조금도 오염되지 않은 순수함이 깃들어있다.

네 개의 함정

울고불고하거나 무덤까지 질질 끌려가기보다는 춤추는 게 낫지 않은가? 요람과 무덤 사이의 시간을 최대한으로 신용하는 게 낫지 않은가? 어떠한 후회도 남지 않을 만큼 매 순간을 치열하게 사는 게 낫지 않은가?

사람들은 위대한 음악을 두려워하고 위대한 시를 두려워하며 깊은 친밀성을 두려워한다. 사람들의 사랑과 그 관계는 차고 빠지는 관계이다. 사람들은 상대의 존재 속으로 깊이 들어가지 않는다. 상대의 존재 속으로 깊이 들어가면 속에서 두려움이 올라온다. 상대의 존재가 그대의 모습을 적나라하게 비추기 때문이다. 호수나 거울 같은 상대의 존재 속에 그대가 나타나지 않으면, 즉 상대의 거울이 텅 비어 있으면 어떻게 되는가?

반동의 습관

반동Reaction은 과거에서 온다. 반응Response은 현재에서 온다. 그대는 과거의 습관에 따라 반동한다. 누가 그대에게 모욕을 주면 과거의 메커니즘이 작동하기 시작한다. 과거에 반동을 보였던 대로 반동한다. 상대와 상대의 욕에 대해 반응을 하는 게 아니라 과거의 습관을 되풀이하는 것이다. 상대가 어떻게 달라졌는가, 모욕의 내용이 어떻게 달라졌는가에 신경 쓰지 않는다. 분명 내용이 달라졌는데도 말이다. 그대는 기계처럼 반동한다. 그대 안에는 자신만의 메커니즘이 있다. 상대가 모욕하면 자동으로 버튼을 누른다. '감히 이자가 나를 모욕해?' 그리고 반동한다. 반동은 실제 상황으로 향하는 것이 아니라 자신의 마음을 상대에게 투사하는 것이다. 반동 속에서 그대는 상대를 보지 않고 자신의 과거만을 본다.
 이런 일이 있었다.

 붓다가 나무 아래 앉아 제자들과 이야기를 하고 있었다. 그때 어떤 남자가 와서 붓다의 얼굴에 침을 뱉었다.
 붓다가 얼굴을 닦고 나서 남자에게 물었다.
 "이다음은? 무슨 말을 하고 싶은 게요?"
 남자는 적이 당황했다. 침을 뱉었는데도 태연하게 반응을 보일 거라고는 전혀 예상하지 못했다. 남자는 과거에 그런 반응을 한 번도 보지 못했다. 상대에게 모욕을 주면 상대는 언제나 화를 내면서 격한 반응을 보이곤 했다. 상대가 약자인 경우에 상대는 꼬리를 내리며 비겁한 미소를 지어 보이기도 했다. 그러나 붓다는 전혀 달랐다. 화를 내지도 않았고 비겁한 미소를 보이지도 않았다. 그냥 태연자약하게 '이다음은'이라고 말했다.
 그러나 붓다의 제자들은 반동했다. 화를 낸 것이다.
 붓다의 시중드는 사람 아난다가 말했다.
 "이건 해도 너무합니다. 그냥 넘어갈 일이 아니에요. 스승님의 가르침은 잠깐만 잊겠습니다. 자신이 무슨 일을 저질렀는지 깨닫게 해줘야겠습니다. 따끔하게 본때를 보여주겠습니다. 그냥 넘어가면 아무나 이런 짓을 하려고 들 겁니다."
 붓다가 말했다.

"잠자코 있으라. 나를 모욕한 사람은 이 사람이 아니라 바로 너다. 그는 아무것도 모른다. 다른 사람들에게서 내가 '무신론자요, 혁명가이며, 사람들을 타락시키는 위험한 인물'이라고 들었을 것이다. 그리고 자기 나름대로 '나는 어떤 사람이다'라고 생각했을 것이다. 그는 내게 침을 뱉은 게 아니라 자신의 관념을, 자신의 생각을 뱉었다. 나에 대해 아무것도 모르는 사람이 어떻게 내게 침을 뱉을 수 있겠는가?"

붓다가 말을 이었다.

"이를 잘 생각해 보면 그는 자신의 마음에 침을 뱉었음을 알 수 있다. 그가 침을 뱉은 것과 나는 아무런 상관이 없다. 그는 무슨 말을 하고 싶었다. 침을 뱉는 것도 자신이 하고 싶은 말을 표현하는 또 다른 방식이다. 사랑이나 기도가 깊어지거나 분노나 증오가 격해지면 아무 말도 할 수 없는 순간이 있다. 그런 격한 때가 있다. 말로써는 어떻게 해볼 수가 없을 때 다른 표현의 방법을 찾는다. 상대에게서 깊은 사랑을 느낄 때 키스를 하거나 포옹을 한다. 이것도 하나의 말이다. 사람들은 분노가 격해지면 상대를 치거나 침을 뱉는다. 이것도 하나의 말이다. 나는 이 사람을 이해할 수 있다. 그는 뭔가를 말하고 싶어했다. 그래서 내가 '이다음은?'이라고 물은 것이다."

붓다의 말에 남자는 당황했다.

붓다가 제자들에게 말했다.

"나는 이 사람보다도 너희들 때문에 가슴이 아프다. 너희들은 내게서 그렇게 오랫동안 배웠지만, 아직도 반동하고 있다."

당황한 남자는 마음이 혼란스러웠다. 그런 상태로 집에 돌아왔다. 하지만 밤새 한숨도 잘 수 없었다. 깨달은 붓다를 보면 예전에 잠자던 대로 잠자기가 힘들어진다. 남자의 마음속에서는 그날 벌어진 일이 계속 떠올랐다. 하지만 갈피를 잡을 수 없었다. 오한이 든 사람처럼 식은땀을 흘리며 부들부들 떨었다. 남자는 전에 그런 사람을 본 일이 없었다. 붓다로 인해 남자의 마음과 습관, 과거 등은 커다란 충격을 받았다.

이튿날 아침 남자는 다시 붓다를 찾았다. 붓다를 보자마자 붓다의 발아래 엎드렸다.

붓다가 남자에게 물었다.

"이다음은? 이 또한 언어로써 표현할 수 없는 것을 표현하는 말이다. 내 발에 손을 대는 것도 언어로써는 어찌해 볼 수 없는 것을 표현하는 말이다. 그럴 때는 모든 말이 무력하다. 자신이 표현하고 싶은 것을 담아내지 못한다."

붓다가 말을 이었다.

"잘 보거라, 아난다. 이 사람은 다시 와서 뭔가를 말하고 있다. 마음이 깊은 사람이다."

남자는 붓다를 보고 말했다.

"어제는 정말 잘못되었습니다. 용서해 주십시오."

붓다가 말했다.

"용서라니? 지금의 나는 어제 자네가 본 내가 아닐세. 갠지스강은 쉬지 않고 흐른다네. 그러니 갠지스강은 매 순간 다른 강이 되는 걸세. 사람도 강이나 다름없어. 자네가 어제 침을 뱉은 사람은 더는 존재하지 않는다네. 물론 지금의 내가 어제의 나와 매우 비슷하게 보이는 것은 사실과 같지 않아. 지난 24시간 동안 많은 일이 벌어졌네! 강물이 너무나도 많이 흘러갔어. 자네에게는 아무런 감정이 없으니 내가 용서할 일이 아니야."

붓다는 계속 말을 이었다.

"자네 또한 어제의 자네가 아니야. 내게 자네는 새 사람으로 보이네. 어제 자네는 분노에 사로잡혀 내게 침을 뱉었지. 하지만 지금의 자네는 내 발아래 엎드려 절을 하고 있지 않은가? 그런데 어찌 같은 사람이라고 할 수 있겠는가? 자네는 같은 사람이 아니야. 그러니 어제의 일은 잊는 게 좋네. 이제 침을 뱉은 사람도, 모욕을 당한 사람도 없네. 자, 가까이 다가오게. 다른 얘기를 해보세."

이것이 반응이다. 반동은 과거에서 온다. 과거의 습관이나 마음으로 반동을 하면 제대로 된 반응을 할 수 없다. 반응을 한다는 것은 지금 이 순간에 온전히 살아 있는 것을 말한다. 반응은 아름다운 현상이다. 반응은 살아 있다. 반동은 죽어 있다, 추하다, 불결하다, 시체와 같다. 99.9%의 경우 그대는 반동하면서 그것을 반응이라고 부른다. 그대가 살면서 반응을 보이는 경우는 대단히 드물다. 진정한 반응이 일어나는 순간, 진리를 홀끗 본다. 미지의 문이 열린다.

집에 돌아가서 아내를 반동의 눈빛으로 보지 말고 반응의 눈빛으로 바라보라. 남편은 아내와 수십 년을 같이 살아도 아내를 보지 않는다! 늙은 남편은 아내를 '할망구'로 안다. 그러면서 늙은 아내를 알고 있다고 생각한다. 그러나 강물은 쉼 없이 흘렀다. 지금의 아내는 결혼할 당시의 아내가 아니다. 과거의 여인은 더는 존재하지 않는다. 지금의 아내는 완전히 다른 여자다.

그대는 매 순간 새로 태어난다. 매 순간 죽고 매 순간 다시 태어난다. 근래 자신의 아내나 어머니, 아버지, 친구 등을 제대로 바라본 적이 있는가? 하지만 그대는 제대로 바라보지 않는다. 너무나 오랫동안 보아 왔기 때문에 다시 바라볼 필요가 없다고 생각한다. 집에 가서 새로운 눈으로 다시 바라보라. 처음 보는 사람처럼 바라보라. 그러면 상대가 그동안 얼마나 많이 변했는지 알아보고 놀랄 것이다.

매일 엄청난 변화가 일어난다. 만물은 유전流轉한다. 끊임없이 흐른다. 고정된 것은 존재하지 않는다. 하지만 마음은 죽어 있다. 고정되어 있다. 고정된 마음으로 살면 그대는 죽은 삶을 살게 된다. 참으로 살아 있지 않으면 그대는 이미 무덤 속으로 들어간 것이다.

반동을 버려라. 좀 더 반응하라. 반응하는 사람은 자신의 삶에 책임을 진다. 반응하는 사람은 민감하게 깨어 있다. '지금 여기' 깨어 있다.

안전망에 매달리기

어떤 관계도 안전할 수 없다. 관계의 속성상 그럴 수 없다. 관계가 안전해지면 모든 매력을 상실한다. 관계는 불안전할 수밖에 없다. 그대의 마음은 이런 사실을 문제로 받아들인다. 진정으로 관계를 누리고 싶다면 그 관계는 불안전한 관계가 되어야 한다. 관계를 완전히 안전한 것으로 만들면 그런 관계는 즐길 수 없는 것이 된다. 관계에서 오는 모든 맛과 매력이 상실되기 때문이다. 그대의 마음은 이것에도 만족하지 못하고 저것에도 만족하지 못한다. 그래서 마음은 항상 갈등과 혼돈 속에서 산다. 마음은 생동감이 넘치면서도 안전한 관계를 원하지만 그런 관계는 있을 수 없다. 생생하게 살아 있는 사람과 생동감 넘치는 관계는 예측할 수 없는 것이기 때문이다. 다음 순간에 어떻게 될지 예상할 수 없기 때문이다. 예측이나 예상을 할 수 없으므로 이 순간은 더욱더 강렬해질 수 있다.

다음 순간은 절대로 오지 않는다. 그러므로 이 순간을 전체적으로 살아야 한다. 다음 순간에는 그대가 떠나갈 수도 있고 아니면 상대가 떠나갈 수도 있다. 혹은 관계 자체가 끊어질 수도 있다. 모든 가능성이 열려 있다. 미래는 항상 열려 있고, 과거는 항상 닫혀 있다. 그 둘 사이에 현재가 있다. 현재의 순간은 항상 진동하고 있다. 진동하는 것, 어렴풋하고 흐릿한 것, 이것이 살아 있음이다.

과거는 닫혀 있다. 이미 지나가 버렸다. 과거의 어떤 것도 바꿀 수 없다. 그래서 과거는 완전하게 닫혀 있다. 이에 반해 미래는 완전하게 열려 있다. 아무것도 예측할 수 없다. 과거와 미래 사이에 현재가 있다. 하지만 마음은 한 발은 과거에, 다른 한 발은 미래에 놓고 있다. 그래서 항상 분열된 상태에서 산다. 마음은 조현병 환자처럼 항상 분열된 상태에서 산다.

그대는 먼저 이런 상황을 제대로 인식할 수 있어야 한다. 안전한 관계를 원하면 그대는 죽은 사람을 사랑해야 한다. 죽은 사람을 사랑할 때 그대는 관계를 누릴 수 없다. 부부간의 관계가 그렇다. 남편의 사랑도 죽고 아내의 사랑도 죽는다. 그러면 과거가 모든 것을 지배한다. 과거가 미래를 결정한다. 아내에게는 미래가 없다. 미래의 문들이 모두 닫혔다. 그래서 과거만을 끊임없이 되풀이한다. 남편에게도 미래가 없다. 남편이라는 울타리 안에서 갇혀 살 뿐이다.

그래서 우리는 계속 안전한 관계를 좇는다. 하지만 관계가 안전해지면 우리는 안전해진 관계에 싫증을 낸다. 남편과 아내의 얼굴을 보라. 남녀는 결혼으로 관계를 안전하게 만든다. 안전한 관계를 법이 보장해 주고 사회가 보장해 준다. 그러나 결혼으로 관계가 안전해지면 관계의 매력과 아름다움은 사라진다. 낭만도 사라진다. 그대는 죽은 삶을 산다. 매일 과거를 되풀이하고 추억을 되새김질한다.

부부들이 하는 말을 들어보라. 아내는 남편이 더는 자기를 사랑하지 않는다고 말한다. 과거의 추억과 신혼여행, 낭만 등이 얼마나 아름다웠는지를 말한다. 이 얼마나 어리석은 일인가! 그대는 아직도 살아 있다. 지금 이 순간도 신혼여행이 될 수 있다. 하지만 그대는 계속 과거만 이야기하고 과거만을 되풀이한다.

안전한 관계는 절대로 만족을 가져다주지 않는다. 불안전한 관계에는 두려움이 상존한다. 관계가 깨질지 모른다는 두려움 말이다. 하지만 불안전한 관계는 생생히 살아 있다. 한순간에 모든 걸 잃을 수 있다. 아무것도 확실하지 않다. 그래서 모든 것이 아름답다. 그러므로 단 한 순간도 미루지 마라. 상대를 사랑하고 싶으면 지금 여기에서 사랑하라. 상대를 사랑하라. 다음 순간에 무슨 일이 일어날지 아무도 모른다. 이 순간이 지나면 사랑의 관계가 이뤄지지 않을 수도 있다. 이 순간을 놓치면 그대는 평생 후회하며 살 수도 있다. 사랑하지 못한 것을 후회하면서 살 수도 있다. 자살을 하기라도 한 것처럼 깊은 죄책감에 시달릴 수도 있다.

삶은 불확실하다. 아무도 삶을 확실한 것으로 만들 수 없다. 삶을 확실한 것으로 만들 수 있는 길은 존재하지 않는다. 삶은 아무도 확실한 것으로 만들 수 없다. 삶을 확실한 것으로 만들 수 있다면 삶은 무미건조한 것이 되고 만다. 삶은 대단히 섬세하여 부서지기 쉽다. 항상 미지의 세계로 나간다. 이것이 바로 삶의 아름다움이다. 그러므로 용기가 있어야 한다. 모험을 즐길 수 있어야 한다. 도박을 할 수 있어야 한다. 그러므로 도박사가 되어라. 이 순간을 살아라. 이 순간을 전체적으로 살아라. 다음 순간이 오면 그 순간과 부딪쳐라. 지나간 순간의 경험이 도움이 될 것이다. 그리하면 좀 더 능란하게 다음 순간들을 맞이하게 될 것이다.

다음 순간에도 '상대가 거기 있어 줄 것이냐'는 문제가 되지 않는다. 중요한 것은 지금 여기 있는 상대를 사랑하는 것이다. 미래를 생각하거나 염려함으로써 이 순간을 낭비하지 마라. 미래에 대해서는 하나의 생각도 하지 마라. 그대는 미래에 대해 아무것도 할 수 없다. 미래를 걱정하는 것은 순전한 정력 낭비일 뿐이다. 지금 여기에 있는 상대를 사랑하라.

나는 삶을 이렇게 본다. 지금 이 순간을 전체적으로 살 때라야 다음 순간에도 상대가 그대 곁에 있을 가능성이 커진다. 다음 순간은 바로 이 순간에서 나오기 때문이다. 그대가 상대를 진정으로 사랑했다면, 그래서 상대가 축복을 느끼고 그 관계가 아름다운 것이 되었다면 상대가 그대 곁을 떠날 이유가 없는 것이다!

하지만 현실에서 그대는 끊임없이 걱정함으로써 상대가 그대 곁을 떠나게 만든다. 이 순간을 낭비해 보라. 그러면 다음 순간은 낭비된 순간에서 태어난다. 그런 삶은 죽은 삶이 된다. 그대는 이런 식으로 살면서 다음 순간을 예상한다. 그리고 자신이 예상한 대로 산다. 다음 순간이 오면 이렇게 말한다.

"그래, 처음부터 우리 관계는 오래가지 못할 것 같았어. 봐, 그렇게 되었잖아."

그리고 자신이 제대로 예상했다고 좋아한다. 자신은 대단히 머리가 좋은 사람이라고 믿는다. 사실 그대의 머리는 좋지 않았다. 관계는 그대의 예상대로 깨진 것이 아니다. 관계의 단절은 주어진 시간과 기회를 헛되이 씀으로써 그대가 자초한 것이다. 그러므로 미래에 대한 걱정을 내려놓고 상대를 사랑하라. 미래에 대한 생각은 모두 내려놓아라. 사랑할 수 있으면 사랑하라. 사랑할 수 없으면 다른 사람을 찾아보라. 괜히 엉뚱한 곳에서 시간을 낭비하지 마라.

문제는 상대가 이 사람이냐 저 사람이냐가 아니다. 문제는 사랑 자체다. 내면의 행복을 가져오는 것은 바로 사랑이다. 상대는 구실에 불과하다. 지금의 상대에게 하는 것은 무엇이나 다음에 오는 상대들에게도 할 것이다. 따라서 모든 것은 그대에게 달려 있다. 그대가 상대를 행복하게 해주면 상대가 떠날 이유가 없다. 그대가 상대를 불행하게 만들면 상대는 떠날 수밖에 없다. 그대가 상대를 불행하게 만들면 나라도 나서서 상대가 그대를 떠나게 할 것이다! 그렇지만 상대를 행복하게 해주면 아무도 상대를 그대와 떼어 놓을 수 없다. 나아가서 상대는 그대를 지키기 위해서라면 어떤 일도 마다하지 않을 것이다.

그러므로 먼저 행복한 사람이 되어라. 지금 이 시간에 행복한 사람이 되어라. 미래에 대해서는 생각할 필요가 없다. 지금 이 시간으로 충분하다. 지금부터 매 순간을 치열하게 살라. 이 순간을 걱정하는 데 쓰지 말고 진정으로 사는 데 쓰라. 그러면 작은 것도 아름다워진다. 작은 배려, 작은 나눔, 이들이 삶의 전부다.

인간은 심리적인 방어망을 구축한다. 이런 방어망이 사실은 감옥인 줄도 모르고 말이다. 우리 주위에는 불안전한 요소들이 득실거린다. 그래서 자연스럽게 자신을 보호하려고 든다. 인생의 위험 요소들을 감지하면서 방어망을 더욱더 크게 만들어나간다. 그러면 그대가 갇혀 있는 감방은 더욱더 작아진다. 자신의 주위에 너무나 많은 방어망을 치고 있기 때문에 제대로 사는 것이 불가능해질 지경이 된다.

참다운 삶은 불안전할 때라야 가능해진다. 본질적으로 삶은 불안전한 것이다. 이를 잘 깨달아라. 자신을 보호하는 행위는 자신을 파괴하는 것이다. 보호는 곧 죽음을 의미한다. 무덤 속에 들어가야만 완전히 안전할 수 있다. 무덤 속에 들어간 사람은 아무도 해치지 못한다. 일단 무덤 속에 들어가면 또다시 죽을 수도 없고 또다시 살 수도 없다.

무덤과도 같은 안전을 원하는가? 부지불식간에 사람들은 그런 안전을 원하고 있다. 각자의 방식은 다를지 몰라도 목적은 같다. 그대는 돈으로, 권력으로, 명예로, 사회의 규범이나 사회의 일원으로, 가정이나 국가의 일원으로 무엇을 추구하는가? 그대 주위에는 온통 미지의 두려움들뿐이다. 그래서 두려움과 자신 사이에 수많은 장벽을 쌓는다. 하지만 그런 장벽들은 그대가 참으로 사는 것을 방해한다. 이런 사실을 깨달을 때 그대는 산야스Sannyas, 세속적인 것을 내려놓고 명상과 수행의 세계에 입문하는 일, 혹은 입문할 때 받는 계_역주의 의미를 알 수 있다. 산야스란 삶을 불안전한 대로 받아들이는 것이다. 모든 방어막을 걷어 내고 삶에 자신을 내맡기는 것이다. 이 길은 위험하다. 하지만 자신이 방어막을 걷어 내고 삶에 자신을 내맡기는 사람은 더없는 복을 누린다. 오직 그런 사람이 생생하게 살아 있는 사람이다. 다른 사람들은 모두 생존하기에 바쁜 사람들이다.

    생존과 삶은 엄연히 다르다. 생존은 삶을 질질 끌고 가는 것이다. 요람에서 무덤까지. 요람과 무덤 사이에서 그대는 왜 두려워하는가? 죽음은 확실하고 그대는 잃을 게 없다. 그대는 빈손으로 왔다. 두려움은 투사投射의 산물이다. 그대는 잃을 게 아무것도 없다. 그대가 가지고 있는 것은 언젠가 사라지게 되어 있다. 만약 죽음이 확실한 것이 아니라면 주위에 보호막을 치는 일도 일리가 있을 수 있다. 만약 죽음이 피할 수 있는 것이라면 죽음과 자신 사이에 보호막을 치는 것이 이치에 맞다. 그러나 죽음은 피할 수 없다. 죽음은 거기에서 기다리고 있다. 죽음을 받아들이면 죽음은 그대를 어찌하지 못한다. 죽음에 대해 그대가 할 수 있는 일은 없다. 사실이 그런데 왜 죽음을 두려워하는가?

전장에 나가는 군인들이 두려움으로 떤다는 것은 잘 알려진 사실이다. 군인들은 모두가 살아서 돌아오지 못한다는 사실을 잘 안다. 누가 살아 돌아오고 누가 살아 돌아오지 못할지는 아무도 모르지만, 자신이 살아서 돌아오지 못할 수도 있음을 아는 것이다. 그러나 심리학자들이 연구 조사한 바에 따르면 결과는 우리가 생각하는 것과 다르다. 사실 군인들이 전선에 도착하면 두려움은 싹 사라진다. 신이 나서 싸우기 시작한다. 일단 죽음을 받아들이면 죽음의 공포가 사라지는 것이다. 어느 순간이고 죽을 수 있다는 사실을 받아들이면 죽음을 두려워하지 않게 된다. 나는 군인들을 많이 만나 보았다. 군인 친구들도 많았다. 기이하게도 군대에서 복무하는 사람들은 더없이 편안하고 유쾌한 사람들이었다. 어느 순간이고 전투 명령이 떨어질 수 있다. 그런데도 군인들은 카드놀이를 하고 골프를 치고 술을 마시고 춤을 춘다. 그들은 삶을 즐길 대로 즐긴다.

어떤 군 장성이 나를 보러 오곤 했다.
내가 그에게 물었다.
"어느 때라도 목숨을 버릴 각오가 되어 있어야 하는데, 어찌 그렇게 마음이 편한 게요?"
장성이 대답했다.
"달리 어쩔 도리가 없지요. 전장에 나가면 죽어야 하니까."

죽음은 피할 수도, 달아날 수도 없는 것임을 깨달았다면 울고불고 하거나 무덤까지 질질 끌려가기보다는 춤추는 게 낫지 않은가? 요람과 무덤 사이의 시간을 최대한으로 신용하는 게 낫지 않은가? 어떠한 후회도 남지 않을 만큼 매 순간을 치열하게 사는 게 낫지 않은가? 기쁘게 삶을 산 사람은 기쁘게 죽을 수 있다.

그러나 인간의 심리를 이해하는 사람은 참으로 드물다. 사람들은 삶을 살기보다는 자신을 보호하기에 바쁘다. 노래와 춤에 사용될 수 있는 에너지가 돈과 명예, 권력 등을 얻는 데 허비된다. 더없이 아름다운 사랑의 꽃이 될 수 있는 에너지가 감옥과도 같은 결혼 생활을 하는 데 허비된다.

결혼은 안전하다. 사회와 법, 전통, 위신, 타인의 눈이 결혼을 안전하게 지켜 준다. 사람들은 타인의 눈을 의식하고 살기 때문에 항상 가장假裝을 한다. 그래서 사랑이 사라진다. 사랑은 손으로 붙잡을 수 있는 성질의 것이 아니다. 사랑은 바람처럼 왔다가 바람처럼 간다. 깨어서 가는 사람은 이 바람과 함께 춤을 추고 그 향기와 시원함을 가슴속 깊이 누린다. 바람이 지나가도 깨어서 가는 사람은 슬퍼하지 않는다. 바람은 미지에서 온 선물이었다. 언젠가는 다시 올 것이다. 그래서 기다린다. 바람은 거듭해서 다시 온다. 그대는 서서히 깊은 인내와 기다림을 배워 나간다.

하지만 사람들은 대부분 그 반대다. 바람이 달아날까 봐 두려워서 문과 창문들을 걸어 잠근다. 이는 자신의 안전을 위한 방책이다. 이

방책을 사람들은 결혼이라 부른다. 시원하고 향기로운 바람을 맞이하기보다는 외부와의 모든 통로를 차단한다. 그러면 집 안의 공기가 탁해진다. 사람들은 이 사실을 제대로 이해하지 못한다! 모두가 집 안의 공기가 탁하다는 사실을 안다. 그러나 문을 걸어 잠가 바람을 붙잡아 두어 바람의 아름다움을 파괴하는 자신을 제대로 바라보려면 많은 용기가 필요하다.

삶에서는 아무것도 가둬 놓거나 붙잡아 놓을 수 없다. 그러므로 모든 가능성에 마음의 문을 열고 체험하고 감사하며 살아야 한다. 감사하는 마음으로 살되 내일을 염려하지 마라. 오늘이 그대에게 아름다운 아침과 아름다운 일출, 새들의 노래, 다채로운 꽃들을 선물하는데 왜 내일 일을 걱정해야 하는가? 내일은 항상 '오늘'이라는 시제로 존재할 뿐이다. 내일 일출의 색채가 달라질 수 있다. 새들의 노래가 달라질 수 있다. 비구름이 몰려와 비가 춤을 출지도 모른다. 거기에도 그만의 아름다움이 있다.

매일 저녁이 달라지고 매일 낮이 달라지듯, 세상이 계속 변하는 것은 좋은 일이다. 삶은 계속 새로워진다. 그것이 삶의 활력이요, 기쁨이다. 그렇지 않았다면 삶은 무척이나 지루한 것이 되었을 것이다. 자신의 삶을 안전한 삶으로 만든 사람은 싫증을 낸다. 자신의 아내와 아이, 친구들에게 싫증을 낸다. 사람들은 자신의 싫증을 감추기 위해 미소를 짓지만, 대부분은 싫증 속에서 산다.

니체는 "내가 행복한 사람이라고 생각하지 마라. 나는 눈물이 나오는 걸 막기 위해 웃는다. 열심히 웃으면 눈물을 막을 수 있다."라고 했다. '너의 눈물을 감춰라. 항상 거리를 유지하라. 타인과 거리를 두어라. 타인의 지나친 접근을 허용하지 마라. 타인의 접근을 허용하면 너의 불행과 권태, 고통을 들킨다. 마음의 병을 들킨다.' 이렇게 사람들은 완전히 그릇된 교육을 받고 산다.

인류 전체가 병든 이유는 간단하다. 우리가 '무방비'를 종교로 채택하지 않았기 때문이다. 신들이 우리의 안전망이요, 덕이 우리의 안전망이요, 지식이 우리의 안전망이며, 관계가 우리의 안전망이다. 우리는 안전망들을 모으는 데 모든 인생을 허비한다. 우리의 덕행과 금욕 등은 사후의 안전망을 획득하는 노력에 지나지 않는다. 저세상에 투자하는 것이다.

그러는 동안 너무나 아름다운 삶이 그대의 손에서 빠져나간다. 나무는 무방비의 두려움을 모르기 때문에 너무나 아름답다. 야생의 동물들도 죽음이나 무방비를 모르기 때문에 참으로 아름답다. 꽃은 밤에 무슨 일이 일어날까 신경 쓰지 않기 때문에 태양 아래서, 빗속에서 춤을 춘다. 꽃잎을 떨어뜨리며, 미지의 근원에서 나온 것처럼 다시 미지의 근원 속으로 사라진다. 이렇게 세상에 나타났다가 미지 속으로 사라질 때까지 무엇을 선택하느냐는 전적으로 그대 몫이다. 춤을 선택할 것이냐, 절망을 선택할 것이냐?

참된 사람은 안보에 대한 생각을 버리고 전적으로 무방비 상태에서 산다. 무방비가 삶의 본성이기 때문이다. 그대는 삶의 본성을 바꿀 수 없다. 그대가 바꿀 수 없는 것이라면 받아들여라. 기쁨으로 받아들여라. 쓸데없이 머리를 벽에 치지 말고 문으로 들어가라.

그림자와 싸우기

장자의 우화를 보자.

자신의 그림자가 마음에 안 들고 자신의 발소리를 싫어하는 사람이 있었다. 그는 자신의 그림자와 발소리를 없애야겠다고 결심했다.
좋은 수가 생각났다. 그림자와 발소리로부터 달아나자는 것이었다. 그는 자리에서 벌떡 일어나 달리기 시작했다. 그러나 발을 땅에서 뗄 때마다 발소리가 들렸으며 그림자는 쉬지 않고 따라왔다.
그는 실패의 원인을 빨리 뛰지 않은 데서 찾았다. 그래서 더 빨리, 더 빨리 뛰었다. 쉬지 않고 뛰었다. 그렇게 뛰다가 마침내 쓰러져 죽고 말았다.
그는 '그늘 속으로 들어가면 그림자는 사라지며, 고요히 앉아 있으면 발소리가 사라진다'라는 진리를 깨닫지 못했다.

　인간은 자신을 거부하고 비난하며 받아들이지 않기 때문에 혼돈 속에서 산다. 혼란과 혼돈, 불행 등이 다람쥐 쳇바퀴 돌 듯 돌아간다. 왜 자신을 있는 그대로 받아들이지 않는가? 무엇이 잘못되었다고? 전 존재계가 그대를 있는 그대로 받아들이는데, 유독 그대만 자신을 있는 그대로 받아들이지 않는다.
　그대에게는 이루고 싶은 목표가 있다. 그 목표는 미래에 있다. 목표는 현재에 있을 수 없다. 목표의 성격상 그럴 수 없다. 하지만 미래는 어디에도 존재하지 않는다. 아직 세상에 태어나지 않은 것이 미래이기 때문이다. 그런데도 그대는 목표를 바라며 미래에 산다. 목표는 꿈일 뿐이다. 그대는 목표로 인해 지금 여기에서 살지 못한다. 그리고 항상 자신을 책망한다.
　모든 사상과 이상은 마음속에 이룰 수 없는 심상心象을 만들어 스스로를 비하하게 만든다. 자신과 이상을 비교하는 사람은 항상 '나는 부족하다. 나는 무얼 못한다.'라고 생각한다. 아무것도 부족하지 않고 아무것도 모자라지 않는다. 완성의 가능성에 관한 한 그대는 완벽하다.
　이를 깨달아라. 그래야 장자의 우화를 제대로 이해할 수 있다. 이 우화는 이 땅의 어느 우화보다 아름다우며 심리의 메커니즘을 정확하게 꿰뚫고 있다. 왜 계속 이상에 매달리는가? 왜 늘 자신은 부족한 사람이라고 생각하는가? 지금 이 순간 그대가 신이 되는 걸 방해하는 사람이 있는가? 누가 그대의 길을 막고 있는가? 지금 이 순간 왜 삶을 누리지 못하는가? 왜 더없는 행복을 누리지 못하는가? 무엇이 그대를 막고 있는가?

그대를 막고 있는 건 다름 아닌 이상이다. 이상이 그대를 막고 있는데 어떻게 삶을 즐길 수 있겠는가? 지금 그대는 분노로 가득하다. 먼저 분노를 풀어야 한다. 분노가 가득한 상태에서 어떻게 더없는 행복을 누릴 수 있겠는가? 그대는 성욕으로 가득하다. 그러므로 먼저 성욕을 풀어야 한다. 성욕으로 가득한데 어떻게 순간순간을 찬미하는 신처럼 될 수 있겠는가? 그대는 너무나 많은 탐욕과 욕정, 분노로 가득하다. 먼저 이들을 풀어야 한다. 그렇게 할 때 신과 같은 존재가 될 수 있다.

이상 때문에 그대는 자신을 비난한다. 자신을 이상과 비교하면 그대는 결코 완벽해질 수 없다. 그것은 불가능하다. '만약'이라는 말을 하면 더없는 행복은 불가능해진다. '만약'이라는 말이 더없는 장애가 되기 때문이다.

'만약 이러저러한 조건들을 달성하면 나는 더없이 행복할 거야'라고 말하면 그런 조건은 결코 달성할 수 없게 된다. 그런 조건을 달성했다 해도 그때쯤이면 이미 삶을 누리고 찬미할 수 있는 능력을 상실하게 된다. 그뿐만 아니라 하나의 조건을 이루면 그대는 이내 다른 이상을 만들어낼 것이다.

그대는 이렇게 생을 거듭하면서 삶 자체를 놓쳐 왔다. 그대는 먼저 이상을 세운 다음 그 이상이 되고 싶어 한다. 그래서 자신을 책망하고 열등감에 사로잡힌다. 꿈꾸는 마음 때문에 실체의 그대가 비난을 받는다. 꿈이 그대의 삶을 훼방 놓고 있는 것이다.

나는 반대를 가르친다. 지금 이 순간 신처럼 되어라. 마음에 분노가 있으면 있는 대로 놔두어라. 성욕이 있으면 있는 대로 놔두어라. 탐욕이 있으면 있는 대로 놔두어라. 그리고 그대의 삶을 찬미하라. 그러면 점점 찬미가 많아지고 분노는 줄어든다. 더없는 행복이 커지고 탐욕은 줄어든다. 기쁨이 많아지고 성욕은 줄어든다. 그리하여 바른길로 들어선다. 이와 반대로 해서는 되지 않는다. 삶을 전체적으로 찬미할 수 있으면 그릇된 것은 모두 사라진다. 그러나 먼저 그릇된 것을 없애고 찬미하려 하면 그릇된 것들은 없어지지 않는다.

이는 마치 어둠과 싸우는 것과 같다. 집이 칠흑같이 어두워지자 그대는 '어떻게 촛불을 켤 수 있는가? 촛불을 켜려면 먼저 어둠을 몰아내야 한다.'라고 생각한다. 그대는 지금까지 이렇게 해왔다. 먼저 탐욕을 없애야 희열이 온다고 생각한다. 어리석은 생각이다! 먼저 어둠을 몰아내야 촛불을 켤 수 있다고 생각한다. 하지만 어둠은 실체가 없다. 뚜렷하고 구체적인 실체가 아니다. 어둠은 스스로 현존하는 것이 아니라 빛의 부재不在일 뿐이다. 그러므로 불을 밝히기만 하면 어둠은 저절로 사라진다.

찬미하라. 더없는 행복의 불꽃이 되어라. 그러면 그릇된 것은 모두 사라질 것이다. 분노와 탐욕, 성욕, 무엇이라고 이름 붙이건 그 모든 것들은 뚜렷하게 실재하지 않는다. 그것들은 모두 더없는 행복과 희열의 부재일 뿐이다.

그대는 즐기지 못하기 때문에 분노한다. 다른 사람이 그대를 분노하게 만든 것이 아니다. 그대가 즐기지 못하기 때문에 불행한 것이다. 그래서 그대는 분노로 가득하다. 타인들은 구실에 불과하다. 찬미하지 못하기 때문에 그대에게는 사랑이 찾아오지 않는다. 성욕이 찾아올 뿐이다. 그리고 그림자에 만족한다. 마음은 '먼저 그림자를 없애자. 그러면 신이 내려올 것이다.'라고 생각한다. 이는 가장 오래되고 가장 어리석은 생각이다. 이런 생각이 모든 사람을 지배하고 있다.

"지금 이 순간 그대는 신이다."라는 말을 믿는 것은 대단히 어려워 보인다. 그렇지만 나는 이렇게 묻고 싶다. "무엇이 부족한가? 무엇이 모자란 것인가?" 그대는 펄펄 살아 있으며 의식이 있으며 호흡을 하고 있다. 그 밖에 무엇이 더 필요하단 말인가? 지금 이 순간 신과 같다. 설사 신이 아니라 신과 같다 해도 신경 쓰지 마라. '나는 신과 같다'라고 상상하는 것도 괜찮다. 먼저 '나는 신과 같다'라는 데서 출발하라. 그러면 머지않아 실체가 그 모습을 드러낼 것이다. 그대의 원래 모습이 드러날 것이다. 그대가 신으로 존재하기 시작하면 불행과 혼돈, 어둠 등이 모두 사라질 것이다. 빛이 되어라. 빛이 되라는 말은 어떤 목표를 성취하라는 말이 아니다.

자, 이제 아름다운 우화 속으로 들어가 보자.

> 자신의 그림자가 마음에 안 들고 자신의 발소리를 싫어하는 사람이 있었다.

그대 또한 이 사람과 같다. 이 점을 명심하라. 다른 사람들도 모두 똑같다. 그대는 지금까지 이렇게 해왔다. 그림자에게서 달아나는 것, 이것이 그대의 논리다. 이 사람은 그림자의 모습이 영 마음에 들지 않았다. 왜 그런가? 그림자에 무슨 잘못이 있는가? 왜 그림자에 신경을 쓰는가? 어쩌면 그는 "신에게는 그림자가 없다."라는 몽상가들의 말을 들었을지도 모른다. 신은 아무리 걸어 다녀도 그림자가 생기지 않는다는 말들이 있었다. 그래서 이 사람은 마음이 혼란스러웠다.

"천국의 신들은 태양 아래서 걸어도 그림자가 생기지 않는 투명한 존재다."라는 말이 있다. 분명히 말하지만, 이는 상상에 불과하다. 그림자 없이는 어떤 것도 존재할 수 없다. 어떤 것이 존재하면 그림자는 생기게 마련이며 존재를 그칠 때라야 그림자는 사라진다.

존재한다는 것은 곧 그림자가 있다는 말이다. 그림자는 분노와 성욕, 탐욕 등을 의미한다. 그것들은 모두 그림자임을 유념하라. 그림자는 어떤 의미에서 존재하기도 하지만 실체는 없다. 이것이 그림자의 정체다. 그림자에게는 실체가 없다. 그림자 역시 빛의 부재일 뿐이다. 그대가 태양 아래 서면 빛이 그대를 통과하지 못하기 때문에 그림자가 형성된다. 그림자의 모양이 나타난다. 이렇게 그림자는 빛의 부재일 뿐이다. 그림자는 그대가 햇빛을 가로막고 있기 때문에 생기는 것이다.

그림자는 실체가 없지만 그대는 실체가 있다. 그대에게 실체가 있기 때문에 그림자가 생길 수 있는 것이다. 그대가 유령과 같은 존재라면 그림자는 생기지 않는다. 천국의 천사들은 모두 유령들이다. 그대가 지어낸 유령들이다. 이상理想을 창안한 사상가들이 꾸며낸 유령들이다. 우화에 나오는 사람도 아마 "먼저 그림자가 사라져야 신이 될 수 있다."라는 말을 들었기 때문에 마음이 어지러웠던 모양이다.

그는 자신의 그림자와 발소리를 없애야겠다고 결심했다.

그대는 왜 발소리에 신경을 쓰는가? 그대가 내면으로 들어가면 발소리 밖에 들리지 않는다. 그대는 왜 발소리에 그토록 신경을 쓰는가? 그대는 실체가 있는 존재이기 때문에 소리가 날 수밖에 없다. 소리를 받아들여라. 그러나 이 사람은 "신에게는 그림자가 없으며 걸을 때는 발소리가 나지 않는다."라는 말을 들었다. 이 신들은 상상의 산물일 뿐이다. 신들은 인간의 마음속에서만 존재한다. 천국이라는 것도 존재하지 않는다! 존재하는 것은 무엇이나 소리가 날 수밖에 없다. 사물의 존재 방식은 이렇다. 그대는 이를 바꿀 수 없다. 자연은 이렇게 존재한다. 이 자연을 바꾸려고 들면 그대는 잘못될 수밖에 없다. 인생을 모두 낭비하고 마침내는 아무것도 이루지 못할 수밖에 없다. 아직도 그림자는 거기 있고 발소리가 시끄럽게 들리는데, 죽음이 그대의 문을 두드린다.

죽음이 문을 두드리기 전에 그대 자신을 받아들여라. 그러면 기적이 일어난다. 자신을 받아들이면 자신에게서 달아나지 않는 기적이 일어난다. 지금 사람들은 모두 자신에게서 달아나고 있다. 나를 찾아오는 사람도 자신에게서 달아나려는 목적으로 온다. 그러므로 그대가 내게 도달하는 일이 없는 것이다. 자신에게서 달아나려는 심산으로 내게 오면 그대는 결코 내게 올 수 없다. 내가 하는 일은 그대가 자신에게서 달아나지 못 하게 하는 것이기 때문이다. 자신에게서 달아나지 마라. 그대는 결코 자기 아닌 다른 사람이 될 수 없다. 그대에게는 정해진 성격과 운명이 있다.

　그대의 지문을 보라. 세상에 같은 지문은 존재하지 않는다. 그대의 지문은 이전에도 존재하지 않았고 앞으로도 존재하지 않을 것이다. 우주에서 그대의 지문은 유일무이한 지문이다. 그대의 존재 또한 이와 같다. 그대의 존재는 독특하다. 누구와도 비교될 수 없다. 그대의 존재는 전에도 존재하지 않았고 앞으로도 존재하지 않을 것이다. 그대는 유일무이한 존재다. 그러므로 이를 찬미하라! 사람들은 모두 독특하다. 신은 모든 사람에게 독특한 선물을 주었다. 그런데 그대는 신이 준 선물을 비난한다. 자신보다 나은 존재가 되기를 바란다! 그대는 신보다, 존재계보다 머리가 좋아지려 하고 있다. 그렇게 하면 그대는 잘못될 수밖에 없다.

　부분은 전체보다 현명할 수 없다. 전체가 한 것은 더는 손질할 수 없는 것이다. 이 점을 유념하라. 전체가 한 것을 바꾸려고 노력할 수는 있다. 하지만 그런 노력을 하면 그대는 아무것도 바꾸지 못하고 인생만 낭비하게 된다.

전체계는 광대하다. 그대는 전체계의 원자일 뿐이다. 대양은 거대하다. 그대는 대양의 이슬방울일 뿐이다. 바다 전체가 짠맛인데 그대는 단맛이 되려고 한다. 이것은 불가능하다. 에고는 불가능한 것, 어려운 것, 해낼 수 없는 것을 하고 싶어 한다. 장자는 "쉬운 것이 바른 것이다."라고 말한다. 왜 쉬운 길을 가지 않는가? 왜 쉽게 받아들이지 않는가? **왜 그림자에게 '그래'라고 말하지 않는가? '그래'라고 말하는 순간 그림자는 마음속에서 사라진다.**

무엇이 문제인가? 왜 그림자를 문제로 받아들이는가? 왜 공연히 문제를 만드는가? 그대는 마주치는 모든 것을 문제로 만든다. 우화 속의 사람은 자신의 그림자를 보고 마음이 심란해졌다. 그는 그림자가 없는 신이 되고 싶어 했다.

하지만 그대는 이미 신과 같은 존재다. 그대는 자신 안에 있지 않은 존재가 될 수 없다. 원래 그대 안에 있지도 않은 존재가 될 수 있겠는가? 그대의 내면에 무엇이 잠재되어 있든 그대는 원래의 그대가 될 수 있을 뿐이다. 생성生成이란 모두 존재存在로 나아갈 뿐이다. 그대는 이리저리 방황하면서 다른 사람들의 문을 두드리기도 하지만 이는 자신과의 숨바꼭질일 뿐이다. 얼마나 다른 문들을 두드리고 얼마나 이리저리 방황하느냐는 그대에게 달려 있다. 그러나 마침내는 자신의 문에 도달하여 '나의 문은 항상 거기서 나를 기다리고 있었음'

을 깨달을 것이다. 아무도 그대의 문을 앗아갈 수 없다. 아무도 그대의 진리를 앗아갈 수 없다.

이 사람은 자신의 그림자 때문에 마음이 혼란스럽다. 그의 머릿속에 떠오른 생각은 그림자에게서 달아나는 것이었다. 사실 모든 사람이 이런 생각을 한다. 마음은 그릇된 논리로 생각한다. 그대는 화가 나면 어떻게 하는가? 마음은 '화내지 말자. 화내지 않겠다고 결심하자.'라고 생각한다. 이런 마음을 따르면 그대는 분노를 억압하게 된다. 분노를 억압할수록 분노는 존재의 뿌리를 향해 더욱더 깊이 들어간다. 그러면 이전처럼 자주 화를 내지 않을지 모른다. 그러나 억압을 계속하면 그대의 마음은 분노의 상태에서 빠져나오지 못한다. 그러면 분노의 감정은 핏속으로 들어가고 독이 되어 온몸으로 퍼진다. 모든 관계 속으로 퍼진다. 상대와 사랑을 할 때도 분노의 감정이 계속 흐른다. 그러면 사랑은 폭력적으로 변한다. 다른 사람을 도와주려는 마음속에도 분노가 스며들어 있다. 행위 하나하나에도 분노가 배어 있다. 다시 화가 치밀어 오르면 마음은 '제대로 화를 억압하지 않았어. 더 억압해야지.'라고 생각한다. 바로 이런 억압으로 인해 분노의 감정은 사라지지 않는다. 마음은 '더욱더 억눌러야지'라고 생각한다. 그러면 내면에는 더 많은 분노의 감정이 쌓이게 된다.

그대가 성욕을 억압하기 때문에 성욕은 그대를 떠나지 않는다. 마음은 '더욱더 억압하라. 새로운 방법과 수단을 찾아서 더욱 억압하라. 그래야 금욕을 꽃피울 수 있다.'라고 생각한다. 그대의 존재는 그런 식으로 꽃피어나지 않는다. 계속 억압하면 성욕은 육체 속으로 들어갈 뿐 아니라 마음과 정신 속으로도 들어가 박힌다. 그렇게 되면 그대는 끊임없이 성을 생각하게 된다. 그래서 세상에는 그토록 많은 포르노가 범람하는 것이다.

왜 사람들은 여성의 나체 사진을 보는가? 현실의 여자만으로는 충분하지 않아서 그런가? 충분하다. 충분하고도 남는다! 그런데 왜 나체 사진을 보는가? 실제의 여성보다 나체 사진이 더 섹시하게 보이는 것이다. 실제의 여자는 육체와 그림자가 있고 발소리가 귀에 거슬린다. 하지만 사진은 환상이며 성적인 상상을 자극한다. 그림자도 없다. 실제의 여자는 땀도 나고 냄새도 난다. 하지만 사진 속의 여자는 그런 냄새를 풍기지 않는다. 실제의 여자는 화를 내지만 사진 속의 여자는 화를 내지 않는다. 실제의 여자는 나이를 먹지만 사진 속의 여자는 언제나 젊고 싱싱하다. 그래서 나체 사진은 성적인 상상을 자극한다. 억압된 성욕은 상상 속에서 풀려나온다. 그런 마음은 섹스 속에서 산다. 이는 병든 마음이다.

배가 고프면 밥을 먹으면 된다. 배가 고픈데 계속 밥 생각만 하면 병이 된다. 배가 고픈 현상에는 아무런 문제가 없다. 밥을 먹고 배고픔을 벗어나면 된다. 하지만 그대는 어떤 것에서도 벗어나지 못하고 계속 상상 속에서 욕망을 해결하려 든다.

물라 나스루딘 Mulla Nasruddin, 이슬람 성직자 계통의 이름으로 오쇼가 농담을 위해 만든 가공의 인물_역주의 아내가 병원에 입원하여 수술을 받았다. 그리고 며칠 전에 퇴원했다.

내가 물라에게 물었다.

"아내의 수술은 어떻게 되었나? 이제 완쾌되었는가?"

그러자 물라가 대답했다.

"아니, 집사람은 아직도 수술 이야기를 하고 있다네."

무언가를 계속 생각하고 이야기하면 그대는 그것을 벗어나지 못한다. 몸은 이미 완쾌되었지만, 마음은 계속 병을 생각한다. 이는 몸이 아플 때보다 더 위험하다. 몸은 나았지만, 마음은 아직 안 나았기 때문이다.

몸의 배고픔을 억압하면 배고픔은 마음속으로 들어간다. 억압은 문제를 밖으로 던져 버린 게 아니라 안으로 집어넣는 것이다. 어떤 것을 억압해 보라. 그러면 그것은 그대의 뿌리 속으로 들어갈 것이다. 제대로 억압하지 못하면 마음은 '내가 뭘 잘못했다. 열심히 하지 않았다. 더욱 열심히 억압하자.'라고 생각한다.

좋은 수가 생각났다. 그림자와 발소리로부터 달아나자는 것이었다.

마음은 두 가지밖에 모른다. 싸우든가 달아나든가. 문제가 생길 때마다 마음은 '싸우자'라거나 '달아나자'라고 생각한다. 둘 다 그릇된 방법이다. 싸우면 문제는 떠나지 않는다. 계속 그대를 괴롭힌다. 싸우면 그대의 존재는 분열된다. 문제는 밖에 있는 게 아니라 그대 안에 있기 때문이다.

예를 들어, 화가 나는데 화와 싸우면 어떻게 되는가? 이는 그대의 반쪽이 화가 나고 다른 반쪽이 화와 싸우는 꼴이다. 이는 마치 그대의 두 손을 싸우게 하는 꼴이다. 두 손이 싸우면 어느 쪽이 이긴다고 생각하는가? 그대는 에너지를 헛되이 낭비할 뿐이다. 어느 쪽도 승자가 되지 못한다. 그대는 화를 억눌러 놓았다고 생각하지만 사실 그대는 화 위에 앉아 있는 꼴이다. 그대는 계속 화 위에 앉아 있어야 한다. 쉬는 날도 없이 말이다. 단 한 순간이라도 화 위에서 일어나면 그대의 승리는 날아가고 말 것이다.

무언가를 억압하는 사람은 계속 억압된 대상 위에 앉아 있어야 한다. 그는 계속 불안해한다. 한순간도 쉬지 못한다. 왜 휴식이 그토록 어려운 것이 되었는가? 왜 잠을 제대로 자지 못하는가? **왜 편히 쉬지 못하는가? 왜 마음을 푹 놓지 못하는가? 왜냐하면 수많은 것들을 억압해 놓았기 때문이다. 편히 쉬면 억압해 놓은 것들이 떠오를까 봐 두려운 것이다.** 그래서 종교인들은 편히 쉬지 못한다. 항상 긴장되어 있다. 긴장은 억압에서 오는 것이다. 종교인들은 이것저것 억압하며 산다. 편히 쉬라고? 그들은 편히 쉬면 억압된 것들이 떠오른다는 사실을 안다. 마음은 항상 '싸워야 한다. 아니면 달아나야 한다.'라고 생각한다. 싸우는 것은 곧 억압하는 것이다. 싸우지 못하면 달아나는 길을 선택한다. 대체 어디로 달아날 수 있다고 생각하는가? 히말라야 산중으로 깊이 숨는다고 해도 분노의 그림자가 그대를 쫓아온다. 성욕의 그림자가 쫓아온다. 그대가 가는 곳마다 그림자는 쫓아온다.

> 그래서 자리에서 벌떡 일어나 달리기 시작했다. 그러나 발을 땅에서 뗄 때마다 발소리가 들렸으며 그림자는 쉬지 않고 따라왔다.

이 사람은 놀랄 수밖에 없었다. 무작정 달렸지만, 그림자는 아무 힘도 들이지 않고 따라왔다. 숨을 가쁘게 쉰다거나 땀을 흘리지도 않았다. 그림자에게는 실체가 없으므로 이 사람을 따라가는 데 아무런 문제가 없다. 그는 땀을 뻘뻘 흘리며 가쁜 숨을 몰아쉬었지만, 그림자는 쉬지 않고 뒤를 따라왔다. 이렇게 그림자는 그대를 따라다닌다. 그러므로 싸움도 도망도 소용이 없다. 어디로 달아날 수 있다고 생각하는가? 어디를 가든지 가는 곳마다 그림자는 그대 곁에 있을 것이다.

마음의 논리를 깨달아야 한다. 마음의 논리를 깨닫지 못하면 그대는 마음의 희생양이 되고 만다. 마음은 간교한 논리를 펴며 같은 원을 빙빙 돈다. 마음의 말을 따르면 그대는 마음의 쳇바퀴 속으로 점점 깊이 빠져든다. 이 사람의 논리는 사실 완벽하다. 그의 논리에서 흠이나 결함을 찾을 수 없다. 그의 논리는 아리스토텔레스만큼이나 완벽하다. 그는 아직도 따라오는 그림자를 보고 자신이 빨리 뛰지 못했기 때문이라고 결론을 내린다. 좀 더 빨리 뛰면 그림자가 따라오지 못할 것이라고 생각한다. 하지만 그림자는 다른 사람이 아니라 그 자신이다. 만약 그림자가 다른 사람이라면 그의 논리가 백 퍼센트 맞다.

만약 다른 사람이 그를 쫓는 것이었다면 그의 논리가 맞다. 쫓아오는 사람보다 빨리 뛰지 못했기 때문에 쫓아오는 사람에게서 달아날 수 없었던 것이 된다. 하지만 쫓아오는 것은 다른 사람이 아니었다. 여기에서 마음은 아무런 도움이 되지 못한다.

타인을 상대할 때는 마음이 필요하지만, 자신을 상대할 때는 명상이 필요하다. 타인을 상대할 때는 마음이 유용하지만 자신을 상대할 때 마음은 무용하다. 이는 장자와 선, 수피, 하시드Hasid, 18세기 초 폴란드와 우크라이나 유대인 사이에 널리 전파되었으며, 성속일여(聖俗一如)의 신앙을 주장했던 하시디즘(Hasidism)의 신비가_역주 등의 깨달은 사람이 하는 말이다. 붓다와 예수, 마호메트 등 각자覺者들이 설파한 것이다. 타인을 상대할 때는 마음을 써야겠지만 자신을 상대할 때는 무심을 써야 한다.

이 사람은 마음으로 자신을 상대했기 때문에 문제에 봉착할 수밖에 없었다. 마음이란 것은 고정된 틀 속에서 움직인다. 마음은 항상 '더 빨리, 더 빨리! 더 빨리 달리지 않으면 그림자가 뒤쫓아와.'라고 생각한다.

그는 실패의 원인을 빨리 뛰지 않은 데서 찾았다.

실패는 달아나려는 마음속에 이미 있었다. 하지만 마음은 이를 알아차리지 못한다. 마음은 컴퓨터와 같다. '달아남 속에 이미 실패가 있었다'라는 진리를 그대가 직접 입력해 주지 않으면 마음은 알지 못한다. 마음은 결코 새로운 것을 창조하지 못한다. 마음은 그대가 입력해 준 것만 출력한다. 마음은 새로운 것을 결코 출력하지 못한다. 마음이 출력하는 것은 모두 빌려온 것이다. 마음의 말만 들으면 자신을 상대해야 할 때 그대는 어려움을 겪게 된다. 외부로만 향하던 방향을 전환하여 내면의 근원으로 들어갈 때 그대는 어려움에 빠지게 된다. 그때 마음은 아무런 도움이 되지 않는다. 아무 쓸모가 없게 된다. 해로운 장해물이 된다. 그러므로 마음을 내려놓아라.

이런 이야기를 들은 적이 있다.

물라 나스루딘의 아들이 학교에서 섹스에 관한 책을 가져왔다. 아들의 학교는 상당히 진보적이었다. 어머니는 어찌할 바를 몰랐다. 그래서 물라가 돌아오기만을 기다렸다. 뭔가 대책을 세워야 했다. 아들의 학교가 비록 진보적이라고 하지만 해도 너무했다. 물라가 돌아오자 아내는 아들이 가져온 책을 보여주었다.

물라는 아들을 보러 위층으로 올라갔다. 아들의 방에 들어서자 아들은 하녀와 키스를 하고 있었다.

물라가 말했다.

"숙제를 끝내거든 아래층으로 내려오너라."

> 그래서 더 빨리, 더 빨리 뛰지 않은 데서 찾았다. 그래서 더 빨리, 더 빨리 뛰었다. 쉬지 않고 뛰었다. 그렇게 뛰다가 마침내 쓰러져 죽고 말았다.

논리적으로 보면 맞는 말이다! 논리는 항상 단계를 밟는다. 이 단계에서 다음 단계로, 그다음 단계로 끝없이 나아간다. 우화에 나오는 사람은 그림자를 보고 놀라서 마음의 말을 따라갔다. 그래서 뛰다가, 더욱더 빨리 뛰다가 마침내 쓰러져 죽고 말았다. 쉬지도 않고 더 빨리, 더 빨리……. 그러다가 결국은 쓰러져 죽고 말았다.

그대는 제대로 삶을 살아 본 적이 없는 자신을 발견한 적이 있는가? 단 한 순간도 생명이 고동치는 삶을 살아 본 적이 없는 자신을 알아차린 적이 있는가? 그대는 장자나 붓다가 말하는 법열을 단 한 순간도 체험하지 못했다. 그런 체험이 없는 삶은 어찌 되는가? 뛰고 뛰다가 결국은 고꾸라지고 만다. 죽음이 가까이 다가오면 그대는 더 빨리 뛴다. 더 빨리 뛰기만 하면 죽음에서 달아날 수 있다는 생각으로 말이다.

그대는 어디로 그렇게 빨리 뛰어가는가? 인간의 마음은 속도에 미쳐 있다. 어딘가에 도달해야 하며, 그러기 위해서는 빠른 속도가 필요하다고 맹신한다. 우리는 점점 더 빨리 달려간다. 그대는 지금 어디로 달려가는가? 빨리 달리든 천천히 달리든 결국 그대는 죽음에 도달할 것이다. 사람들은 모두 제때 죽음에 도달한다. 단 한 순간도 놓치는 법이 없다. 사람들은 모두 정각에 도달한다. 한 사람도 늦는 법이 없다. 제때보다 빨리 죽음에 도달했다는 사람은 들어 보았어도 제때보다 늦게 도달했다는 사람은 들어 보지 못했다. 의사 때문에 제시간보다 빨리 죽음에 도달한 사람들이…….

그는 '그늘 속으로 들어가면 그림자는 사라지며 고요히 앉아 있으면 발소리가 사라진다'라는 진리를 깨닫지 못했다.

쉽고도 너무 쉽다! 햇빛이 없는 그늘 속으로 들어가면 그림자는 없어진다. 그림자는 햇빛이 있어야만 생기기 때문이다. 그림자는 햇빛의 부재다. 나무 그늘 안으로 들어가면 그림자는 사라진다.

여기서 그늘은 침묵을 의미한다. 내면의 평화를 의미한다. 마음의 말에 귀를 기울이지 마라! 햇빛이 들어오지 않는 그늘 속으로 들어가라. 내면의 침묵 속으로 들어가라.

그대는 주변부에서 산다. 이것이 문제다. 외부 세계의 빛 속에서 살기 때문에 그대에게는 그림자가 생길 수밖에 없다. 두 눈을 감고 그늘 속으로 들어가라. 그대가 눈을 감으면 햇빛이 들어오지 못한다. 그래서 명상은 모두 눈을 감고 한다. 자신의 그늘 속으로 들어가기 위해서. 내면에는 햇빛도 없고 그늘도 없다. 외부에는 사회가 있고 온갖 그림자들이 있다. 그대의 분노와 성욕, 욕망, 야망 등은 모두 사회의 부분임을 관찰해 본 적이 있는가? 눈을 감고 안으로 들어가면 분노는 어디에 있는가? 성욕은 어디에 있는가? 명상을 처음 시작할 때부터 눈을 감는다고 해서 외부가 완전히 차단되는 것은 아니다. 그대는 머릿속에서 외부의 상들을 떠올린다. 그러면 외부 사회가 내면에서도 똑같이 이어진다. 하지만 쉬지 않고 내면으로 깊이깊이 파고들면 머지않아 사회를 완전히 떨쳐 버릴 수 있다. 눈을 감고 내면으로 들어가면 더는 사회의 모습이 나타나지 않는 것이다. 이것이 주변부에서 중심부로의 이동이다.

존재의 중심에서는 침묵만이 존재한다. 분노와 분노를 싫어하는 마음도, 성욕과 금욕도, 탐욕과 탐욕을 싫어하는 마음도, 폭력과 비폭력도 존재하지 않는다. 그대가 중심 안으로 들어가면 모든 것이 텅 비워진다. 내면의 중심 속에서 그대는 이것도 아니요, 저것도 아니다. 그대는 순수한 존재다. 모든 갈등이 사라진 순수 존재, 신과 같은 존재다. 그 중심에서는 순수 존재만 있다. 그늘 속으로 들어가니 그림자가 사라진 것이다.

그는 '그늘 속으로 들어가면 그림자는 사라지며 고요히 앉아 있으면 발소리가 사라진다'라는 진리를 깨닫지 못했다.

고요히 앉아 있으면 발소리는 사라진다. 이는 정말 쉬운 일이다. 그렇지만 쉬운 일이 마음을 만나면 어려운 일이 된다. **마음은 항상 달리고 싸우는 일을 더욱 쉽게 여긴다.** 적어도 마음이 뭔가를 할 수 있는 일이 생기기 때문이다. 마음에게 "아무것도 하지 마."라고 하면 마음은 이를 더없이 어려운 일로 받아들인다. 마음은 이렇게 요구할 것이다. "만트라Mantra, 진언(眞言), 혹은 기도나 명상으로 염송하는 주문_역주를 달라. 그러면 눈을 감고 '옴, 옴……' 혹은 '람, 람……'하고 만트라를 할 수 있다. 어떻게 달리지도 않고, 뭔가를 쫓지도 않고 가만히 앉아 있을 수 있는가?"

마음은 분주히 활동하며 존재는 완전히 정지해 있다. 마음은 달리지만 존재는 앉아 있다. 주변부는 끊임없이 움직이지만, 중심부는 아무런 움직임도 없다. 수레바퀴가 도는 모습을 보라. 주변부는 계속 돌지만, 중심부에는 아무런 움직임이 없다. 완전히 정지해 있다. 그대의 주변부는 끊임없이 움직이지만, 그대의 존재는 영원히 정지해 있다. 수피의 다르위시Darwish, 이슬람교의 청빈한 신비주의 일파, 혹은 그 일파의 사람. 12세기 무렵부터 이슬람교가 도시의 하층 서민과 농민들 사이에 급속히 퍼지면서 여러 개의 교단이 조직되었으며, 한 자리에서 장시간 빙빙 도는 회전 명상을 통해 신비 체험을 한다_역주가 하는 회전 명상도 이와 같다. 다르위시들은 한자리에서 빙빙 돈다. 몸을 주변부로 여기고 빙빙 돈다. 그리고 영원히 정지해 있는 중심부에 머문다. 수레바퀴가 되어라. 몸은 수레바퀴가 되고 그대는 중심부에 머문다. 그렇게 하면 머지않아 몸은 비록 빨리 돌지라도 그대는 움직이지 않고 있음을 체험할 수 있다. 빨리 돌수록 좋다. 그러면 회전과 정지의 대비가 더욱 확연해진다. 그리고 어느 순간 갑자기 몸과 그대가 분리되는 체험을 한다.

하지만 그대는 계속 몸을 따라가기 때문에 분리가 일어나지 않는다. 고요히 앉아서 눈을 감아라. 앉아서도 그런 체험을 충분히 할 수 있다. 앉아서 눈을 감아라. 그리고 모든 것을 가라앉혀라. 시간이 좀 걸릴 것이다. 그대는 여러 생을 살면서 들떠 있었다. 그리고 스스로 온갖 장애물들을 만들었다. 시간이 좀 걸릴 것이다. 아무것도 할 필요가 없다. 그냥 앉아서 바라보라. 선禪에서는 이를 좌선坐禪이라 한다. 좌선은 그냥 앉아서 아무것도 하지 않는 것을 의미한다.

이것이 곧 장자가 이야기하는 바다.

> 그는 '그늘 속으로 들어가면 그림자는 사라지며 고요히 앉아 있으면 발소리가 사라진다.'라는 진리를 깨닫지 못했다.

싸울 필요도 없고 달아날 필요도 없다. 필요한 것은 그늘 속으로 들어가 고요히 앉는 것이다.

죽을 때까지 이렇게 하라. 그 무엇과도 싸울 필요가 없다. 그 무엇으로부터도 달아날 필요가 없다. 그냥 흐름에 내맡겨라. 두 눈을 감고 햇빛이 들어오지 않는 중심으로 들어가라. 거기에는 그림자가 존재하지 않는다. 신에게는 그림자가 생기지 않는다는 말은 곧 내면의 중심에는 그림자가 없다는 뜻이다. 그림자가 없는 신은 하늘 어딘가에 있는 게 아니라 그대의 내면에 있다. 내면의 중심에는 외부의 햇빛이 들어오지 못한다. 그래서 항상 그늘 속에 있다. 장자는 그늘을 도道라고 부른다. 도는 가장 깊은 내면에 있는 본성을 말한다.

그렇다면 어떻게 해야 하는가? 마음의 말을 듣지 않아야 한다. 마음은 세상을 사는 데 귀중한 도구다. 하지만 내면으로 들어가는 데는 장애물이다. 논리는 다른 사람들을 상대하는 데 훌륭하지만, 자신을 상대하는 데는 훌륭하지 않다. 사물을 다루는 데 논리와 회의는 필요하다. 과학은 회의를 바탕으로 하나 종교는 믿음을 바탕으로 한다. 깊은 믿음으로 앉으라. 그러면 내면의 본성이 그대를 이끌 것이다. 내면의 본성은 항상 거기 있었다. 그러므로 눈을 감고 앉아서 기다리기만 하면 된다. 참을성 있게 기다리면 된다. 마음이 어떤 말을 할지라도 마음의 말에 귀를 기울이지 마라.

사회생활을 위해서는 마음에 귀를 기울여라. 하지만 내면으로 들어갈 때는 마음의 말에 귀를 기울이지 마라. 그냥 마음을 한쪽으로 제쳐 두어라. 싸우지 마라. 마음과 싸우려고 들면 마음이 그대를 지배하기 때문이다. 그냥 마음을 한쪽에 제쳐 두어라. 이것이 신뢰다. 신뢰하는 사람은 마음과 싸우지 않는다. 마음과 싸우면 마음이라는 적이 그대를 지배한다. **친구도 적만큼 그대에게 영향을 주지 못한다. 어떤 사람과 계속 싸우면 그대는 상대의 영향을 받는다. 상대와 싸우기 위해서는 상대와 같은 수단을 사용해야 하기 때문이다.** 결국 그대는 적과 비슷한 사람이 되고 만다. 적을 냉정하고 초연하게 바라보기란 아주 힘들다. 적은 그대에게 끊임없이 영향을 준다.

　마음과 싸우는 사람들은 대단한 철학자가 된다. 설사 그들이 마음을 비판하는 말을 할지라도 그들의 관심은 온통 마음에 가 있다. "마음을 없애라."라고 말할지라도 그들의 말은 모두 마음에서 나온다. 그들은 계속 마음과 같이 살면서 결국 마음에 동화된다.

　마음과 싸우지 마라. 이를 항상 유념하라. 마음과 싸우면 마음에 동화되어 버린다. 마음을 설복시키고자 마음과 논쟁을 하면 그대는 마음의 술수에 걸려들고 만다. 그냥 마음을 한쪽으로 제쳐 두어라. 마음을 한쪽으로 제쳐 두는 일은 마음을 무찌르는 일이 아니라 마음을 넘어가는 일이다. 그냥 마음을 한쪽에 제쳐 두어라. 집 안으로 들어올 때는 신을 한쪽에 벗어 둔다. 그대는 집 안으로 들어오기 위해 신발과 싸우지 않는다. 그럴 필요가 전혀 없다. '이제 집 안으로 들어가 신발이 필요 없으니까 벗어야지.'라고도 생각하지 않는다. 그냥 벗어서 한쪽에 놓을 뿐이다.

　쉬운 것이 바른 것이다. 쉽고 바른길을 가는 사람은 싸우지 않는다. 갈등도 대립도 하지 않는다. 그냥 마음을 한쪽에 벗어 두고 앉아서 내면의 그늘로 들어간다. 거기에서는 발소리도 나지 않고 그림자도 따라오지 않는다. 그대는 신과 같은 존재가 된다. 그대는 원래의 그대-참나-가 될 수 있다. 단언하건대, 그대는 신과 같은 존재다. 아니 신이다. 그러므로 자신의 신을 만날 때까지 포기하지 마라.

거짓된 가치

인간은 거짓 가치를 만드는 데 대단히 뛰어나다. 이는 인간의 본질적인 속성이다. 참된 가치는 그대의 전체성을 요구하고 그대의 전 존재를 요구한다. 반면에 거짓 가치는 아주 쉽게 만들 수 있다. 거짓 가치는 진짜처럼 보이지만 그대의 전체성을 요구하지 않는다. 껍데기만 그럴싸할 뿐이다.

예를 들어 우리는 사랑이나 신뢰를 대신하여 '충성'이라는 거짓 가치를 만들어낸다. 충성스러운 사람은 사랑을 피상적으로만 알 뿐이다. 그는 여러 가지로 사랑을 표현하지만, 그 모두는 공허하다. 그의 가슴은 형식적인 몸짓에만 머문다.

노예는 충성스럽다. 노예가 된 사람이, 자신의 인간성을 빼앗긴 사람이, 자신의 존엄성을 빼앗긴 사람이 주인을 사랑할 수 있다고 생각하는가? 노예는 주인을 미워한다. 기회만 오면 주인을 죽이려고 들 것이다! 그러나 겉으로는 충성을 다한다. 그럴 수밖에 없다. 그의 충성은 마음에서 우러나온 것이 아니라 두려움에서 나온 것이다. 사랑에서 나온 것이 아니라 강요에서 나온 것이다. 이는 개가 주인에게 보이는 충성과 별반 차이가 없다.

사랑은 보다 전체적인 반응이다. 사랑은 의무감에서 나오는 게 아니라 가슴에서 나오는 것이다. 기쁨의 맥박에서 나오는 것이요, 나누려는 열망에서 나오는 것이다. 충성은 추하다. 하지만 지난 수천 년 동안 인간은 충성을 존귀한 가치로 만들었다. 사회는 여러 방법을 동원하여 사람들을 노예로 만들었다. 아내는 남편에게 충성을 다해야 했다. 그래서 인도에서는 무수한 여인들이 남편의 화장용 장작더미 속으로 뛰어들어 순사殉死해야 했다. 인도에서는 순사를 대단한 가치로 여겼기 때문에 남편이 죽었는데도 순사하지 않는 여인은 평생 견디기 힘든 비난을 받으며 살아야 했다. 계급 사회에서 추방당한 존재로 살아야 했다. 자신의 가족 내에서도 하녀 취급을 받았다. 남편을 따라 죽지 않았다는 것은 곧 남편에게 충성을 다하지 않았다는 방증으로 생각했던 것이다.

반대로 한번 생각해 보자. 아내의 화장용 장작더미에 뛰어든 남편이 단 한 명이라도 있었는가? 여기에 대해서는 아무도 이의를 제기하지 못한다. 남편이 아내의 장작더미에 뛰어들지 않는 것은 남편이 아내에게 충성스럽지 못하다는 방증이 아닌가? 그러나 사회는 이중 잣대를 들이댄다. 주인과 지배자에게 들이대는 잣대가 다르고 노예에게 들이대는 잣대가 다른 것이다.

사랑을 하면 그대는 자신보다 큰 사람에게 소유당할지 모른다. 그래서 사랑을 위험한 것으로 생각한다. 사랑은 자기 마음대로 통제할 수 없다. 사랑은 마음대로 만들어낼 수도 없다. 또한 지나간 사랑은 되돌릴 수 없다. 그래서 그대가 할 수 있는 일은 사랑을 가장하는 것뿐이다.

충성은 사랑과 완전히 다르다. 충성은 그대 스스로 만들어 낼 수 있다. 통제할 수 있다. 교육이나 수련으로 만들 수 있다. 생활 속에서 충성의 마음을 단련할 수 있다. 충성이란 죽으나 사나, 자신의 가슴이 원하든 원하지 않든 상대에게 모든 걸 바치는 마음을 말한다. 심리학적인 차원에서 보자면 충성은 노예의 길이다.

사랑은 자유를 낳고 충성은 구속을 낳는다. 겉으로 보면 서로 비슷해 보일지 모르나 속을 들여다보면 사랑과 충성은 정반대다. 충성은 꾸민 행위이다. 스스로 단련하여 얻은 것이다. 그에 반해 **사랑은 야성적이다. 사랑의 아름다움은 사실 그 야성에 있다.** 사랑은 향기로운 미풍과 같다. 사랑은 그대의 가슴을 충만케 한다. 사랑의 미풍은 사막과 같은 곳에 꽃이 만발한 화원을 만든다. 하지만 그대는 미풍이 어디서 불어오는지 모른다. 미풍을 불게 하는 방법도 모른다. 미풍은 저절로 왔다가 저절로 간다. 어느 날 손님으로 왔다가, 또 어느 날 갑자기 떠나간다. 미풍을 붙잡아 둘 수 있는 방법은 없다.

사회는 예측이 가능하지 않은 경험들을 바탕으로 존재할 수 없다. 사회는 변하지 않는 확고한 규범이 필요하다. 그래서 사회는 삶에서 사랑을 제거하였으며 그 자리를 결혼으로 대치했다. 결혼은 충성을 요구한다. 남편에 대한 충성을 요구한다. 그러나 충성은 사랑과 비교할 수 없는 것이다. 충성은 사랑이라는 바다의 물 한 방울도 아니다.

그러나 사회는 언제나 신뢰할 수 있는 결혼 제도를 좋아한다. 남편은 아내를 신뢰할 수 있고 내일을 신뢰할 수 있다. 아내가 변함없이 충성을 보여줄 것이기 때문이다. 하지만 사랑은 신뢰할 수 없는 게 아니다. **참으로 기이하게도, 사랑이야말로 가장 신뢰할 수 있는 것이지만 사회는 사랑을 신뢰할 수 없는 것으로 여긴다. 사랑은 이 순간에 전체적으로 임한다. 사랑은 완전히 열려 있기 때문에 다음 순간은 어찌 될지 모른다. 계속 그대 안에서 자랄 수도 있고 아니면 날아갈 수도 있다.** 하지만 남편은 평생 노예가 되어 줄 아내를 원한다. 남편은 사랑에 의지해서 살 수 없다. 그래서 사랑과 비슷해 보이는 것을 인위적으로 만들어내는 것이다.

남녀 관계뿐 아니라 다른 분야에서도 충성을 대단한 가치로 여긴다. 그러나 충성은 인간의 지성을 파괴한다. 군인은 무조건 국가에 충성해야 한다. 히로시마와 나가사키에 원자 폭탄을 떨어뜨린 사람을 나무랄 수 없다. 그는 자신에게 주어진 임무를 다했을 뿐이다. 그는 상관의 명령을 받고 이를 이행했을 뿐이다. 군대의 본질은 거기에 있다. 군대의 훈련은 조건 없는 복종을 요구하기 때문에 훈련을 받은 군인은 상관의 명령에 절대 복종해야 한다. 옳지 못한 명령에도 군인은 "예, 시행하겠습니다."라고 즉각 대답해야 한다.

히로시마와 나가사키에 폭탄을 떨어뜨린 사람이 기계였다고는 생각하지 않는다. 그에게도 그대와 같은 가슴이 있었다. 아내와 자식이 있었고, 어머니와 아버지가 있었다. 그도 그대와 같은 인간이었다. 하지만 그는 아무런 이의 없이 명령에 따르도록 철저한 훈련을 받은 군인이었다. 그래서 폭탄을 투하라는 명령을 받았을 때 명령을 그대로 이행한 것이다.

나는 폭탄을 투하한 군인의 마음을 기회가 있을 때마다 헤아려 보았다. 과연 그는 원자폭탄이 20만의 인명을 살상한다는 사실을 몰랐을까? '안 돼! 20만의 무고한 사람들을 죽이는 것보다는 차라리 내가 상관의 총에 죽는 게 나아.'라고 생각할 수는 없었을까? 하지만 그는 그런 생각을 하지 않았을 것이다.

군대는 충직한 군인을 만들기 위해 철저히 훈련시킨다. 작은 일에서부터 철저히 세뇌시킨다. 우리는 왜 군인들이 수년 동안이나 행진 등 온갖 멍청한 훈련을 해야 하는지 궁금히 여길 때가 있다. 왜 '좌향좌, 우향우, 뒤로 돌아, 앞으로 가' 등을 특별한 목적 없이 몇 시간씩 해야 하는가? 거기에는 특별한 목적이 숨어 있다. 군인들의 지성을 무디게 하여 자동화된 기계로, 로봇으로 만드는 게 목적이다. 그래서 '좌향좌'의 명령이 떨어지면 군인은 아무런 이의를 제기하지 않고 이행한다. 하지만 누가 그대에게 "좌로 도시오."라고 말하면 그대는 "무슨 말이오? 내가 왜 좌로 돌아야 하오? 난 우로 가겠소."라고 따질 것이다. 그러나 군인은 따지면 안 된다. 그냥 명령에 따라야 한다. 이것이 충성을 강요하는 군인의 조건화다.

군대가 인간이 아니라 기계처럼 움직이며 충성을 다하면 왕이나 장군들에게는 좋다. **반항하는 자식은 문젯거리다. 그래서 자식이 순종하면 부모는 좋아한다. 부모가 틀리고 자식이 맞는 경우에도 자식은 부모에게 순종해야 한다.** 조건 없는 순종, 이것이 지금까지 모든 부모가 자식에게 강요한 교육이다.

나는 충성 대신 지성과 탐구심으로 과감히 '아니오'라고 말할 수 있는 신인간을 가르친다. **'아니요'라고 말할 수 없다면 그대의 '예'는 무의미하다.** 그대의 '예'는 녹음기에 녹음된 것과 같다. 그대 쪽에서는 아무것도 할 수 없다. 그대에게는 '아니오'가 녹음되어 있지 않기 때문에 '예'라고밖에 말할 수 없는 것이다.

우리가 사람들에게 지성의 길을 가르쳤다면 우리의 삶과 문화는 완전히 달라졌을 것이다. 그렇게 많은 전쟁이 일어나지 않았을 것이다. 사람들은 이렇게 들고일어났을 것이다. "왜 전쟁을 해야 하는가? 왜 무고한 사람들을 잔인하게 죽여야 하는가?" 하지만 백성들은 자기 나라에 충성을 다해야 했기 때문에 정치가들은 이런 백성들을 이용해 서로 싸우고 죽이게 했다. 정치가들이 그토록 싸우는 걸 좋아하면 레슬링 경기를 하거나 축구 경기를 하면 될 터이다.

왕이나 정치가, 수상이나 대통령 자신들은 전쟁터에 나가지 않는다. 상대를 죽여야 할 특별한 이유도 없는 평범한 사람들이 전쟁터에 나가 사람들을 죽이고 스스로 죽어야 했다. 그리고 기계적으로 멍청하게 바친 충성의 대가로 상을 받고 훈장을 받았다.

충성은 믿음과 의무, 존경 등의 온갖 질병이 뭉쳐진 것이다. 믿음이나 의무, 존경 등은 모두 에고의 자양분이다. 그대의 영적인 성장을 저해하는 장애물이다. 이들은 모두 기득권층만을 위한 것이다. 사제들은 그대가 믿음 체계에 의문을 제기하는 걸 바라지 않는다. 그대가 제기하는 의문을 풀어줄 수 없다는 사실을 잘 알기 때문이다. 믿음 체계들은 거짓투성이여서 제대로 의문을 제기하면 모두 무너져 내린다. 그래서 사제들은 의문과 의심을 철저히 차단한 가운데, 수많은 사람을 끌어들여 거대한 종교 조직을 만든다.

현재 가톨릭 교황은 무수한 신도들을 거느리고 있다. 그런데 수없이 많은 신도 중에서 단 한 사람도 "어떻게 처녀가 아이를 낳을 수 있습니까?"라고 이의를 제기하지 않는다. 이런 질문은 신성을 모독하는 것이다! 수없이 많은 신도 중에서 단 한 사람도 "예수가 하나님의 독생자라는 증거가 어디에 있습니까? 그런 주장은 누구나 할 수 있습니다. 예수가 고통에 빠진 인간을 구원했다는 증거는 어디에 있습니까?"라고 묻지 않는다. 교회 내에서 이런 질문을 하는 건 당혹스럽다. 그래서 아무도 이런 의문을 제기하지 않는다. 수천 년 동안 종교인들이 그 존재를 입증하려 했던 신은 하나의 가설에 불과하다. 종교인들의 주장은 모두 증거나 근거가 없는 가짜다. 그런데도 의문을 제기하는 사람은 아무도 없다.

사람들은 태어나자마자 자신이 속한 종교에 복종하도록 교육을 받는다. 그렇게 해야 사제들이 그대를 편리하게 착취하고, 정치가들이 사람들을 쉽게 이용하며, 남편이 아내를 쉽게 지배하고, 부모가 자식을 쉽게 지배하고, 선생들이 학생들을 쉽게 지배할 수 있다. 충성과 복종은 순전히 기득권층만을 위한 것이다. 충성 문화 때문에 인류 전체는 저능아의 수준을 벗어나지 못했다. 충성 문화는 의문을 허용하지 않는다. 의심도 허용하지 않는다. 지성도 허용하지 않는다. 의심을 하고 의문을 제기할 수 없는 사람은, 틀린 것에 '아니오'라고 할 수 없는 사람은 인간 이하의 차원으로, 거의 동물의 차원으로 떨어진 사람이다.

요구하는 사랑은 충성으로 변한다. 요구하지 않는 사랑은 자유를 누린다. 요구하지 않는 사랑을 할 때 그대의 의식은 상승한다. 믿음을 강요받을 때 그대는 노예가 된다. 하지만 신뢰가 우러나올 때는 초인적인 무엇이 그대의 가슴 안에서 자라기 시작한다. 둘 사이의 차이는 미세하지만, 그 차이는 더없이 중요하다. 요구를 받고 명령을 받는 사랑이나 신뢰는 가짜가 된다. 하지만 사랑과 신뢰가 스스로 우러나오면 더없이 소중한 것이 된다. 그런 사랑과 신뢰는 그대를 노예로 만드는 게 아니라 주인으로 만든다. 우러나오는 사랑은 바로 그대의 사랑이요, 우러나오는 신뢰는 바로 그대의 신뢰이기 때문이다. 그대는 타인을 따르지 않고 자신의 가슴을 따른다. 타인을 따라야 한다는 강요도 받지 않는다. 그런 자유 속에서 사랑이 배어 나온다. 그런 존엄성 속에서 신뢰가 배어 나온다. 그런 사랑과 신뢰는 그대를 더욱 풍요로운 인간으로 만든다.

이것이 내가 바라보는 신인간의 상이다. 사람들은 자유롭게 사랑하지만 강요된 사랑은 하지 않는다. 사람들은 신뢰하되 자신의 가슴에 따라 신뢰할 것이다. 성전이나 사회 구조, 사제, 정치가들에 따라 신뢰하지 않을 것이다.

그대의 가슴에 따라 살고, 맥박에 따라 살고, 완전히 열린 자유 속에서 대양을 가로지르는 독수리와 같이 미지의 세계로 들어가는 그런 삶은 명령에 따라 움직이는 삶이 아니다. 그런 삶은 기쁨의 삶이다. 명상의 삶이다.

변형의 수단

이 순간을 전체적으로 살라. 순간을 전체적으로 살 때 문제는 저절로 풀리는 것임을 깨닫는다. 문제를 풀려고 애쓸 필요가 없다. 삶이란 풀어야 하는 문제가 아니라 살아야 하는 신비다.

우리는 항상 그대로라는 사실, 무엇을 하든지 똑같다는 사실을 알아차리는 것은 매우 어렵다. 우리의 삶에 '발전'이란 없다. 그렇지만 에고는 발전 속에서, 발전이란 생각 속에서, 어느 날 어딘가에 도달한다는 생각 속에서 산다. 때문에 '삶에 발전이 없다'라는 사실을 깨달으면 에고는 부서진다. 우리는 항상 오늘 아니면 내일, 내일이 아니면 모레 자신이 바라는 곳에 도달할 수 있으리라 생각한다. '세상에 발전은 존재하지 않는다'라는 사실을 깨달을 때 우리의 삶은 비즈니스가 아니라 찬미가 된다. 그럴 때 우리는 에고의 굴레에서 벗어나 이 순간을 직시할 수 있게 된다.

그대 자신을 받아들여라

　자신을 있는 그대로 받아들일 때 마음의 문이 열리고 감성이 예민해진다. 자신을 있는 그대로 받아들일 때 아무것도 발전시킬 필요가 없으므로 미래를 걱정하지 않는다. 그러면 모든 것이 좋다. 모든 것이 있는 그대로 좋다. 삶은 새로운 색채를 띠고 새로운 음악이 흘러나오기 시작한다.

　자신을 받아들이면 모든 것을 받아들일 수 있다. 자신을 거부하는 일은 본질적으로 우주를 거부하는 것이다. 존재 전체를 거부하는 것이다. 따라서 자신을 받아들이는 일은 존재계 전체를 받아들이는 것이다. 자신을 받아들일 때 삶은 기쁨과 찬미로 바뀐다. 불평도 없고 원망도 없으며 그저 감사함을 느낀다. 삶도 좋고 죽음도 좋다. 기쁨도 좋고 슬픔도 좋다. 연인과 함께 있어도 좋고 혼자 있어도 좋다. 무슨 일이 일어나도 좋다. 일어나는 모든 것은 전체계에서 나오기 때문이다.

하지만 그대는 기나긴 세월 동안 '자신을 받아들이면 안 된다'라는 조건화 속에서 살아왔다. 세상의 문화들은 모두 인간의 마음을 병들게 했다. 세상의 문화들은 모두 '자신을 발전시켜라'라는 신조 위에 서 있기 때문이다. 이런 문화들로 인해 그대의 마음은 걱정으로 물든다. **걱정은 있는 그대로의 자신과 문화가 요구하는 자신 사이에서 일어나는 긴장 상태에서 온다. 문화가 요구하는 것을 '해야만' 할 때 마음은 걱정할 수밖에 없다.** 성취해야만 할 이상이 있는 사람이 어떻게 편히 쉴 수 있겠는가? 어떻게 느긋할 수 있겠는가? 이런 사람의 마음은 계속 미래를 동경하기 때문에 삶을 전체적으로 사는 일이 불가능해진다. 미래는 절대로 오지 않는다. 그럴 수 없다. 욕망의 본질상 불가능하다. 그대는 바라던 것이 오면 당장 다른 것을 꿈꾸고 상상하기 시작한다. 항상 보다 나은 것을 꿈꾼다. 그래서 걱정과 불안과 긴장 속에서 산다. 오랜 세월 인류는 이렇게 살아왔다.

아주 드물게 이런 함정에서 빠져나오는 사람이 생긴다. 우리는 이런 사람을 붓다라 하고 그리스도라 한다. 깨달은 사람은 사회가 만든 함정에서 빠져나온 사람이요, 그 어리석음을 인식한 사람이다. 그대는 자신을 발전시킬 수 없다. 우리에게 '발전'이라는 현상이 있을 수 없다는 말이 아니다. 당연히 우리 사회에 발전은 존재한다. 하지만 그대는 자신을 발전시킬 수 없다. **그대가 자신을 발전시키는 것을 멈출 때**

삶이 그대를 발전시킨다. 그런 이완과 받아들임 속에서 삶이 그대를 어루만지며 생명이 안에서 흘러나온다. 원망하지도 불평하지도 않을 때 그대는 꽃피어난다.

그래서 나는 이렇게 말해 주고 싶다. '그대 자신을 있는 그대로 받아들여라.' 아마 이는 세상에서 가장 어려운 일일 것이다. 자신을 있는 그대로 받아들이는 일은 교육과 문화를 거스르는 일이기 때문이다. 아주 어렸을 때부터 그대는 '이런 사람이 되어야 한다'라는 말을 듣고 자라 왔다. 아무도 있는 그대로가 좋다고 말해 주지 않았다. 어른들이 그대의 마음에 사회의 프로그램을 심어 놓았다. 부모와 사제, 정치가, 교사 등이 프로그램을 주입했다. 그들이 프로그램을 주입한 이유는 딱 한 가지다. '계속 자신을 발전시켜라'라는 것이 그것이다. 무언가를 얻기 위해 사방팔방으로 돌아다녀라. 절대로 쉬지 마라. 죽을 때까지 일만 해라.

나의 가르침은 간단하다. '삶을 연기하지 마라. 내일을 기다리지 마라. 내일은 절대로 오지 않는다. 오늘 삶을 살라!'

예수는 제자들에게 이렇게 말했다.

"들의 백합화가 어떻게 자라는가 생각해 보라. 수고도 아니하고 길쌈도 아니 하느니라. 그러나 내가 너희에게 말하노니, 솔로몬의 모든 영광으로도 입은 것이 이 꽃 하나만 같지 못하였느니라."

보잘것없는 백합화의 아름다움은 무엇인가? 그 아름다움은 완전한 받아들임에 있다. 백합화의 존재에는 발전의 프로그램이 없다. 백합화는 지금 여기 있다. 바람과 더불어 춤을 추고 햇빛을 즐기며, 구름과 이야기하고 나른한 오후에는 낮잠을 즐기고 나비와 노닌다. 즐기고 존재하고 사랑하며 사랑받는다.

그대가 마음의 문을 열 때 전 존재계가 에너지를 쏟아붓는다. 그러면 나무는 전보다 더 푸르게 보이고 태양은 더 밝아 보인다. 세상 만물이 다채로운 빛깔을 찬란하게 드러낸다. 하지만 마음의 문이 닫혀 있으면 만물은 단조롭고 칙칙하며 흐릿하게 보인다.

자신을 받아들이는 것이 기도다. 자신을 받아들이는 것이 감사다. 푹 쉰 채 자신의 존재 속으로 들어가는 것이 신이 원하는 것이다. 신은 다른 것을 원하지 않는다. 신이 다른 것을 원했다면 그대를 다른 사람으로 만들었을 것이다. 지금 그대의 모습을 만든 이는 바로 신이다. 그러므로 자신을 발전시키려는 노력은 곧 신을 발전시키려는 마음과 다름없다. 이런 마음은 어리석을 뿐이다. 신이 만든 자신을 발전시키려고 하면 할수록 그대의 정신은 미쳐간다. 어디에도 도달하지 못한다. 너무나도 소중한 기회를 잃어버린다.

받아들임을 그대의 색깔로 만들라. 받아들임을 그대의 특성으로 만들라. 그러면 놀라운 일이 벌어진다. 삶이 항상 그대에게 선물을 쏟아붓는 것이다. **삶은 구두쇠가 아니다. 존재계는 항상 풍요롭게 준다. 하지만 우리가 그것을 받지 못한다. 자신은 받을 자격이 없다고 믿기 때문이다.**

그래서 사람들은 불행에 매달린다. 이 불행은 프로그램화된 것이다. 사람들은 무수하게 다양하고 미묘한 방법으로 자신을 고문한다.

왜 그런가? 그렇게 프로그램화되었기 때문이다. 사회가 가르친 것을 하지 못할 때 그대는 자신을 불행으로 벌해야 한다. 그래서 사람들은 불행할 때 기분 좋아한다.

다시 한번 말해 보자. '사람들은 불행할 때 행복하다' 그래서 행복할 때는 불편함을 느낀다. 나는 수많은 사람을 관찰하면서 이런 결론을 얻었다. 사람들은 불행할 때 편하게 생각한다. 무심코 불행을 받아들인다. 자신의 조건이나 자신의 마음과 부합하기 때문이다. 사람들은 자신이 아주 끔찍한 사람이라고, 몹시 나쁜 죄인이라고 생각한다.

그대는 원죄를 짊어지고 세상에 태어났다고 들었다. 이 얼마나 어리석은 생각인가! 이 얼마나 터무니없는 말인가! 인간은 원죄 속에서 태어나는 게 아니라 순수 속에서 태어난다. **원죄라는 것은 존재하지 않는다. 원래 존재하는 건 순수뿐이다. 아이는 모두 순수 속에서 태어난다.** 아이를 죄의식에 물들게 하는 것은 우리 어른들이다. 우리는 이렇게 가르친다. "그렇게 하면 안 돼. 이렇게 해야지." 아이들은 천진난만하고 순수하다. 우리는 아이들이 천진난만하고 순수한 언행을 하면 벌을 주고, 인위적이고 약삭빠른 언행을 하면 상을 준다. 거짓된 언행을 하면 상을 준다. 상들은 모두 진실하지 않은 사람들 차지다. 순수한 언행에는 상을 주지 않는다. 우리는 순수한 사람에게는 아무런 주목도 하지 않고, 존경도 하지 않는다. 존경하기는커녕 비난한다. 나아가서 죄인 취급을 한다. 바보라고 놀린다. 약삭빠른 자는 머리가 좋은 사람이라고 생각한다. 가짜가 인정을 받는다. 가짜 사회에는 가짜가 어울리는 법이다.

　이렇게 해서 그대의 일생은 자신에게 벌을 내리는 삶이 된다. 자신이 하는 일은 모두 틀렸다고 생각한다. 그래서 기쁨을 누릴 때마다 자신에게 벌을 내린다. **기쁨이 오면,** 자신이 생각지도 못한 기쁨이 오면, 신이 그대에게 내려오면-그대는 내려오는 신을 피할 수 없다.-**당장 자신을 벌준다. '신이 내려오다니 뭔가 잘못된 것이다. 어떻게 나와 같이 끔찍한 사람에게 이런 일이 일어날 수 있단 말인가?'**

　일전에 어떤 사람이 내게 물었다.

　"당신은 사랑에 대해 강의하면서 사랑을 주라고 말했습니다. 한데 제가 사람들에게 무얼 줄 수 있을까요? 사랑하는 이에게 무엇을 줄 수 있을까요?"

　사람들은 모두 이렇게 생각한다. '나는 아무것도 가진 게 없다.' 그대가 가지고 있지 않은 것은 또 무엇인가? 아무도 '그대에게 꽃의 아름다움이 있다'라고 말해 주지 않는다. 인간은 지구 상에서 가장 아름다운 꽃이다. 가장 진화된 존재다. 어떤 새도 그대가 부르는 노래를 부르지 못한다. 새의 노래는 순수성에서 나오기 때문에 다소 아름다운 면이 있기는 하지만 따지고 보면 소음에 불과하다. 그대는 새보다 훨씬 훌륭하고 의미 있고 아름다운 노래를 부를 수 있다. 그런데도 그대는 이렇게 묻는다. "내게는 무엇이 있나요?"

　나무는 푸르고 아름답다. 별들도 아름답고 강들도 아름답다. 그렇다 해도 인간의 얼굴만큼 아름다운 것을 본 적이 있는가? 인간의 눈만큼 아름다운 것을 본 적이 있는가? 온 세상을 뒤져도 인간의 눈만큼 오묘한 것은 찾아볼 수 없다. 장미꽃도 비할 바가 아니요, 연꽃 또한 비할 바가 아니다. 그 얼마나 오묘한가! 하지만 그대는 "내가 사랑하는 이에게 무엇을 줄 수 있나요?"라고 묻는다. 그런 사람은 자기를 비하하는 삶을 산다. 항상 자신을 경시하고 무시하는 삶을 산다.

누군가 그대를 사랑하면 놀란다. '뭐라고, 나를? 누가 나를 사랑한다고?' 이런 생각을 한다. '그가 나를 몰라서 그렇겠지. 나를 샅샅이 알면 나를 결코 사랑하려고 들지 않을 거야.' 그래서 연인들은 서로 자신을 감추려고 한다. 여러 가지를 비밀로 간직한다. 진짜로 가슴을 열면 사랑이 날아갈까 봐 두려워한다. 자기 자신도 사랑하지 못하는데 어떻게 상대가 나를 사랑하는지 확신할 수 있겠는가?

사랑은 자기 사랑으로 시작된다. **이기적인 사람이 되지 말고 자아가 충만한 사람이 되어라.** 나르키소스Narcissus, 그리스 신화에 나오는 소년. 물에 비친 자기 모습을 연모하다가 빠져 죽어서 수선화가 되었다_역주 **가 되지 말아라. 자신에 대해 과도하게 집착하지도 말아라. 자연스럽게 자신을 사랑하라.** 이 자기 사랑 속에서만 그대는 상대를 사랑할 수 있다.

그대 자신을 받아들이고 사랑하라. 그대는 신의 피조물이다. 신이 그대의 존재에 서명했다. 따라서 그대는 특별하고 유일무이한 존재다. 그대와 같은 사람은 아무도 없었으며 앞으로도 영원히 없을 것이다. 그대는 독특한 존재다. 타자와 비교될 수 없는 존재다. 이런 사실을 받아들이고 사랑하고 찬미하라. 그런 찬미 속에서 그대는 타자의 독특함과 아름다운 모습을 발견할 것이다. 나와 너, 그리고 세상을 깊이 받아들일 때 사랑은 가능해진다. 받아들임은 사랑이 자라는 환경이요, 사랑이 꽃피는 땅이다.

그대의 문을 열어라

노자가 말했다.

인간은 태어날 때 부드럽고 약하지만 죽을 때는 강하고 딱딱하다. 식물은 살아 있을 때 연하고 촉촉하지만 죽으면 파삭하고 건조하다. 따라서 딱딱함과 뻣뻣함은 죽음의 친구요, 부드러움과 유연함은 삶의 친구다. 군대가 완강하면 전쟁에서 패할 것이요, 나무가 뻣뻣하면 잘려 나갈 것이다. 크고 강한 것은 하위의 것이요, 부드럽고 약한 것은 상위의 것이다.

삶은 강이요, 흐름이다. 시작도 끝도 없는 연속이다. 삶은 어디로 가지 않는다. 항상 여기 있을 뿐이다. 삶은 어디에서 어디로 가는 게 아니라 항상 여기에서 여기로 온다. 삶의 유일한 시제는 '지금'이요, 유일한 장소는 '여기'다. 어디에 도달하기 위해 분투하지 않는다. 사실 도달할 데가 없다. 무엇을 정복하기 위해 분투하지도 않는다. 사실 정복할 대상도 없다. 무엇을 보호하려고 애쓰지도 않는다. 애초에 공격하는 자가 없기 때문이다. 삶만이 홀로 존재한다. 완전히 홀로 존재한다. 그 홀로 있음 속에서 삶은 아름답고 위대하다.

삶을 사는 데는 두 가지 방식이 있을 수 있다. 우선 그대는 흘러가듯이 살 수 있다. 그러면 그대는 위대해진다. 아름다워진다. 갈등과 투쟁이 사라지고 비폭력의 아름다움이 배어 나온다. 꽃처럼, 어린아이처럼 부드럽고 섬세하고 순수해진다. 삶과 더불어 흘러갈 때 그대는 참 종교를 알게 된다. 이것이 노자가 말하는 종교요, 또한 내가 말하는 종교다.

보통 종교는 신을 위해 삶과 싸우는 일을 한다. 신이 목적이기 때문에 삶은 거부와 투쟁의 대상이다. 신의 경지를 성취하기 위해 삶을 희생해야 한다. 이런 종교는 사실 참 종교가 아니다. 이런 종교는 폭력적이고 투쟁적인 마음의 산물일 뿐이다.

삶 너머에 신은 없다. 삶이 곧 신이다. 삶을 거부하는 것은 곧 신을 거부하는 것이다. 삶을 희생하는 것은 곧 신을 희생하는 것이다. 그대가 신을 위해 이것저것 희생한다고 하나, 사실 거기서 희생되는 건 신뿐이다. 구르지예프Gurdjieff, George, 1872~1949 : 그리스계 아르메니아인으로 인도와 티베트 등을 여행하면서 동양의 신비주의를 배운 뒤, 그만의 파격적인 방편으로 동양의 신비주의를 서양에 널리 소개했다. 그의 저서로는 『위대한 사람들과의 만남(Meetings with Remarkable men)』, 『전부 그리고 모든 것(All and Everything)』 등이 있다_역주는 "모든 종교는 신에 반대한다."라고 말하곤 했다. 이 말은 역설적으로 들리지만, 진실을 담고 있다. 삶이 신이라고 할 때, 삶을 거부하거나 희생하거나 떠나는 일 등은 모두 신에 반하는 일이다. 구르지예프는 노자의 존재에 대해 별로 알지 못한 것 같다. 구르지예프가 노자를 알았더라면 노자와 같은 말을 했을 것이다. 노자는 일반적인 종교인이 아니었다. 노자는 신학자나 사제, 설교가, 철학자라기보다는 시인이나 음악가, 예술가에 가까웠다. 종교인으로 보이지 않을 만큼이나 평범한 삶을 살았다. 사실 종교란 너무나 비범하게 평범해서 부분이 전체와 싸우지 않고 함께 흘러가는 삶을 말한다. 흐름을 거스르지 않는 삶을 말한다.

비종교적인 삶은 이기고 정복하고 목적지에 도달하고자 자신의 마음으로 노력하는 삶을 말한다. **도달해야 할 목적이 있는 사람은 비종교적이다. 내일을 걱정하는 사람은 이미 종교를 놓친 사람이다. 종교에는 내일이 존재하지 않는다.** 그래서 예수는 이렇게 말했다. "내일 일을 염려하지 마라. 저 뜰에 있는 백합을 보라. 지금 저렇게 피어 있지 않느냐." 존재하는 것은 모두 '지금'이라는 시제에만 존재한다. '지금'만이 유일한 시간이요, 유일한 영원이다.

삶에는 두 가지 길이 있다. 하나는 삶에 반하는 목표를 세우고 삶과 싸우는 길이다. 그대는 삶에게 자신의 틀을 강요한다. 자신의 뒤를 따라오라고 하면서 삶을 끌고 간다. 하지만 그대는 작고 미미한 부분일 뿐이다. 그런데도 그대의 방향으로 전 우주를 끌고 가려 한다. 당연히 그대는 패배할 수밖에 없다. 자신의 아름다움을 잃고 딱딱한 존재가 될 수밖에 없다.

싸우는 사람은 딱딱해진다. 싸움을 한번 생각해 보라. 그러면 싸움이란 말이 주는 딱딱함을 느낄 수 있을 것이다. 저항을 생각해 보라. 그러면 고치처럼 그대를 감싸는 두꺼운 껍질이 느껴질 것이다. 자신만의 목적을 세우면 그대는 섬 같은 존재가 된다. 삶이라는 거대한 대륙에서 분리된 섬 말이다. 그대가 삶과 분리되는 것은 나무가 땅과 분리되는 것과 같다. 나무는 땅을 떠나면 저장된 영양분으로 얼마간은 살 수 있을지 몰라도 서서히 죽어간다. 나무는 뿌리가 필요하다. 땅에 뿌리를 내리고 땅과 하나가 되어야 한다.

이처럼 그대도 삶이라는 대륙과 연결되어야 하고, 그 대륙의 부분이 되어야 하고, 그 안에 뿌리를 내려야 한다. 삶에 뿌리를 내릴 때 두려움이 사라지고 부드러운 존재가 된다. 두려움은 딱딱함을 만든다. 두려움은 안전을 생각하게 하고 자신을 보호하게 만든다. 두려움만큼 두려운 존재도 없다. 왜냐하면 두려움을 생각하면 그대는 땅과 분리되어 존재의 뿌리가 뽑히기 때문이다.

그대의 존재가 뿌리 뽑히면 그대는 과거 속에서 살게 된다. 그래서 그대는 과거에 그토록 집착한다. 그건 우연이 아니다. 그대의 마음은 끊임없이 과거나 미래를 생각한다. 왜 그토록 과거를 생각하는가? 지나간 것은 이미 지나가고 없다! 그래서 다시 되돌릴 수 없다. 과거는 죽었다! 왜 있지도 않은 과거를 계속 생각하는가? 왜 되돌릴 수 없는 과거를 계속 생각하는가? 과거는 결코 삶의 대상이 아니다. 과거는 현재의 순간을 파괴할 뿐이다. 과거에 집착하는 데는 깊이 뿌리박힌 원인이 있다. 그대가 전체계와 싸우는 것이 원인이다. 전체계와 싸우고 삶의 강물과 싸우면 그대는 뿌리 뽑힌다. 그러면 왜소해지고 자기만의 세계에 갇히게 된다. 계속 팽창하는 광대한 우주의 부분이 되지 못하고 분리된 개인이 된다. 그러면 과거를 먹고 사는 구두쇠와 같은 존재가 되어야 한다. 그래서 마음은 계속 과거를 생각하는 것이다.

그대는 용기를 불러내어 싸울 준비를 해야 한다. 그래서 계속 미래를 생각한다. 미래는 희망을 주고 과거는 에너지를 준다. 과거와 미래 사이에 영원이 존재하고 생명도 존재하지만, 그대는 영원과 생명을 놓치고 과거와 미래 속에서 죽어 간다.

이와는 다른 존재의 길이 있다. 이는 참된 존재의 길이다. 삶의 흐름과 싸우는 길은 참다운 존재의 길이 아니다. 참된 존재의 길은 강물과 더불어 흘러가는 길이다. 강물과 더불어 흘러가면 삶과 분리된 것을 느끼지 않는다. 그대는 강물의 부분이 된다. 강물의 부분이 될 뿐 아니라 강물과 하나가 된다. 그대는 강물이 되고 분리는 사라진다. 싸우지 않을 때 그대는 삶이 된다. 싸우지 않을 때 광대한 무한이 된다. 동양에서는 이런 경지를 '쉬랏다Shraddha', 즉 내맡김이라고 한다. 삶을 신뢰하는 것이다. 자신의 개별적인 마음을 신뢰하는 게 아니라 전체계를 신뢰하는 것이다. 부분을 신뢰하는 게 아니라 전체를 신뢰하는 것이다. 마음을 신뢰하는 게 아니라 존재계를 신뢰하는 것이다. 완전히 내맡기면 갑자기 그대는 부드러워진다. 딱딱해질 필요가 없기 때문이다. 그대는 싸우지도 않고 적의를 품지도 않는다. 자신을 보호할 필요도 없고 안전을 생각할 필요도 없다. 이미 삶과 하나가 되었기 때문이다.

삶은 안전하다! 오직 개별적인 에고만이 불안전하다. 에고에게는 보호가 필요하고 안전이 필요하며 중무장이 필요하다. 인간의 에고는 두려움으로 떨고 있다. 그렇게 해서 어떻게 제대로 살 수 있단 말인가? 그대는 고통과 불안 속에서 살고 있다. 사실 그대는 '살고' 있지 않다. 모든 기쁨을 잃어버렸다. '여기에 존재하는' 데서 오는 희열을 잃어버렸다. 여기에 존재하는 것만이 참된 기쁨이다. 참된 기쁨에는 원인이 없다. 참된 기쁨은 그냥 존재할 때 떠오른다. 그냥 존재할 때 내면에서 솟아오른다. 마음의 문을 열고 삶과 더불어 흐르기만 하면 아무런 이유도 없이 기쁨이 계속 솟아오른다! 그때 존재가 곧 행복임을 깨닫는다.

그래서 힌두교에서는 궁극의 경지를 '사치다난다Satchitananda' - 진리와 의식과 더없는 행복이라고 했다. 이는 존재가 곧 더없는 행복이요, 진리가 곧 더없는 행복임을 의미한다. 이 밖에 다른 존재의 길은 없다. 그대가 불행하다면 이는 존재와의 끈이 끊어졌음을 뜻한다. 그대가 불행하다면 이는 땅에서 뿌리가 뽑혔음을 뜻한다. 강물과 분리되어 얼음덩어리가 된다. 강물과 하나 되지 못하고 얼음덩어리로 강물 위를 흘러간다. 에고는 항상 흐름을 거스르기를 좋아한다. 도전이 다가올 때 에고는 좋아한다. 에고는 항상 싸움 거리를 찾아다닌다. 싸울 대상을 찾지 못하면 불행해진다. 에고는 싸움을 먹고 산다. 싸울 때 그대는 기분이 좋아지고 존재의 기쁨을 느낀다. 이는 정신적으로 병든 길이다. 정신적으로 병든 사람은 항상 흐름과 싸운다. 그대는 싸우면 딱딱해진다. 자신의 주위에 죽은 벽을 쌓는다. 물론 그대의 존재는 죽어 있다. 부드러움과 밝음, 아름다움을 상실했다. 그래서 삶을 누리지 못하고 질질 끌고 간다.

노자는 내맡김의 길이다. 그는 말한다.

"삶에 내맡겨라. 삶이 그대를 인도하게 하라. 삶을 끌고 가려고 하지 마라. 삶을 관리하거나 통제하려고 하지 마라. 삶이 그대를 관리하고 통제하게 하라. '나는 없다'라고 생각하고 몽땅 내맡겨라. 자신의 모든 힘을 삶에 내맡겨라. 그리고 삶과 하나 되어 흘러가라."

이는 쉽지 않은 일이다. 에고가 "그러면 나라는 존재는 무엇인가? 다 내맡겨 버리면 나는 없어진다."라고 말하기 때문이다. 하지만 에고가 존재하지 않을 때라야 그대는 존재할 수 있다. 에고가 없을 때 그대는 유한을 뛰어넘어 무한의 존재가 된다. 육체를 뛰어넘어 시작도 끝도 없이 확장하는 존재가 된다.

하지만 에고는 이를 모른다. 에고는 두려워한다. "무얼 하는 거니? 그러면 자아를 잃어버리고 말아. 너는 없어지고 말아. 무명인이 되고 말아." 이런 에고의 말을 들으면 그대는 '유명인'이 되는 길을 가야 한다. 유명인의 길을 가면 삶이 그대에게서 떠나간다. 세상에 출세했다는 사람들, 성공했다는 사람들, 인명사전에 오른 명사들을 보라. 그들을 잘 살펴보라. 가짜 인생을 살고 있지 않은가! 그들은 가면을 쓰고 산다. 속은 텅 비어 있다. 생생하게 살아 있지 않다. 그들의 삶은 공허하다.

세상에서 성공했다는 사람들, 출세했다는 사람들을 지켜보라. 대통령과 수상, 갑부 등 세상에서 얻을 수 있는 것은 모두 얻은 사람들을 보라. 그들을 유심히 관찰해 보라. 그들은 죽어 있다. 심장이 뛰지 않는다. 뛴다 해도 기계적으로 뛸 뿐이다. 가슴에는 시가 없다. 눈에는 밝음이 없다. 생명의 열망도 보이지 않는다. 악수를 해도 손에서는 아무것도 느껴지지 않는다. 에너지의 교류도 없고 따뜻하게 반겨 주는 마음도 없다. 그들의 손은 무게만 느껴질 뿐 사랑이 느껴지지 않는다. 죽은 손이다. 그들의 주위를 살펴보라. 그들은 지옥에서 살고 있다. 출세를 하고 이름을 얻었지만, 주위는 온통 지옥뿐이다. 그대도 대단한 사람이 되고자 한다면 그들과 같은 길을 가게 될 것이다.

노자는 말한다. "무명인이 되어라. 그러면 무한한 생명이 그대 안에서 흐를 것이다." 유명인이 되려는 마음은 삶의 흐름을 방해한다. 무명인이 될 때 무한한 공空이 모든 것을 준다. 무한한 공 속에서 구름이 흘러가고 별이 뜬다. 이를 방해하는 것은 아무것도 없다. 잃을 것도 전혀 없다. 잃을 수 있는 것은 이미 모두 내려놓았기 때문이다.

그런 존재의 경지에서 그대는 영원히 싱싱하게 산다. 육체는 비록 늙을지 모르나 내면에 있는 존재의 중심은 영원히 싱싱하게 산다. 그것은 늙는 법도 없고 죽는 법도 없다. 노자는 이것이야말로 참다운 종교의 길이라고 설한다. 도와 더불어 흐르고, 도와 더불어 간다. 아무런 목적도 목표도 세우지 않는다. 전체계가 모든 걸 배려한다. 그대는 그냥 전체계와 더불어 흐른다. 전체계가 그대를 창조했고 그대 안에서 숨 쉬며 살고 있다. 왜 안달을 하는가? 전체계에 모든 책임을 내맡겨라. 전체계가 이끄는 대로 따라가라. 계획을 하거나 흐름을 바꾸려 하지 마라. 어떤 것도 요구하지 마라. 요구하면 좌절이 따라온다. 그대의 존재는 딱딱해지고 삶의 기회를 놓친다.

그대가 삶에 내맡기면 더 많은 생명이 솟아오른다. 바로 이것이다. 더 생생하게 살아 있을수록 더 많은 생명이 솟아오른다. 예수는 말한다. "나에게 오라. 그대에게 무한하고 풍요로운 삶의 길을 보여 주리라. 넘쳐흐르는 이 생명을 보라." 우리는 황제처럼 살 수 있음에도 거지처럼 산다. 이는 누구의 책임도 아니다. 유명인이 되려는 영리함과 에고에 집착하는 마음이 모든 불행의 원인이다.

이제 수트라Sutra, 경(經)이나 경문(經文)을 뜻하는 산스크리트어_역주를 보자.

인간은 태어날 때 부드럽고 약하지만…….

이제 막 태어난 아기를 보라. 아기는 딱딱하지 않다. 부드러우며 열려 있다. 순수한 생명의 모습이다. 하지만 오래지 않아 순수한 아기에게 인격이 생긴다. 사회와 부모, 학교가 아이를 새장에 가둔다. 그러면 인생은 머나먼 여정이 된다. 아이는 죄수처럼 산다. 내면 깊은 곳에서 생명은 계속 고동치겠지만 아이는 그 고동 소리를 듣지 못한다.

아기가 태어나는 모습을 보라. 생명의 기적이 일어나고 있지 않은가! 생명이 그 길을 보여주고 있지 않은가! 삶이 매일 새로워지고 있음을 보여주고 있지 않은가! 늙은 사람이 죽고 새로운 아기가 탄생한다. 왜 그러는가? 인간은 늙으면 새롭게 태어나기 위해 죽어야 한다. 경제의 눈으로 보면 생명의 순환은 매우 비경제적이다. 사람이 세상에서 교육을 받고 경험을 쌓아서 지혜로울 만해지면 죽음이 그를 데려간다. 그리고 아무런 지식도 지혜도 없는 어린아이를 내놓는다. 그러면 아이는 모든 걸 다시 시작해야 한다. 경제의 눈으로 보면 이는 낭비다! 신은 사업가에게서 한 수 배워야 한다. 신은 무엇을 하고 있는가? 이것은 순전한 낭비다! 80살의 노련한 사람이 죽고 아무것도 모르는 아기가 그를 대신한다? 이와 반대가 되어야 경제적이지 않은가?

하지만 삶은 경제를 믿지 않는다. 삶이 경제를 믿었더라면 세계는 거대한 공동묘지가 되었을 것이다. 삶은 경제를 믿지 않고 생명을 믿는다. 그래서 삶은 끊임없이 노인을 아기로 대체하고, 노쇠한 사람을 싱싱한 사람으로 대체하며, 딱딱한 사람을 부드러운 사람으로 대체한다. 이것이 뜻하는 바는 분명하다. '삶은 부드러움을 사랑한다. 삶은 부드러운 존재를 통해 자연스럽게 흐를 수 있기 때문이다.'

인간은 태어날 때 부드럽고 약하지만…….

노자는 '삶은 강함을 믿지 않는다'라는 사실을 강조한다. 약함은 부드럽고 유하기 때문에 아름답다. **폭풍이 불어오면 크고 강한 나무는 쓰러진다. 하지만 작은 풀은 몸을 굽혔다가 폭풍이 지나가면 다시 몸을 일으켜 미소 짓는다.** 폭풍우에도 풀은 쓰러지지 않는다. 오히려 잎에 쌓인 때를 씻어내고 더욱 싱싱해진다. 하지만 늙고 강한 나무는 저항을 하기 때문에 쓰러진다. 에고가 강해서 몸을 굽힐 줄 모르기 때문이다.

노자는 말한다. "삶은 약함을 사랑한다." 이는 예수의 말과 상통한다. "애통해 하는 자는 복이 있나니 저희가 위로를 받을 것임이요, 온유한 자는 복이 있나니 저희가 땅을 기업으로 받을 것임이요, 의에 주리고 목마른 자는 복이 있나니 저희가 배부를 것이다."

기독교인들은 예수의 말을 이해하지 못했다. 예수의 말을 제대로 이해하려면 먼저 노자를 이해해야 한다. 예수의 말을 풀이하면 이렇다. '생생하게 살아 있으라. 약한 자가 되어라.' 그래서 예수는 이렇게 말한다.

"누구든지 네 오른편 뺨을 치거든 왼편도 돌려 대며, 또 너를 송사하여 속옷을 가지고자 하는 자에게 겉옷까지도 가지게 하며, 또 누구든지 너를 억지로 5리를 가게 하거든 그 사람과 10리를 동행하라."

이는 곧 '약한 자에게 복이 있나니 약한 자가 되어라'라는 말이다. 그렇다면 약함에는 어떤 좋은 점이 있는가? 보통 세상의 지도자나 선생들은 '강해져라' 하고 가르친다. 그런데 노자와 예수는 '약해져라' 하고 말한다. 약함은 아름답다. 딱딱하지 않다. 강해지려면 그대는 딱딱해져야 한다. 딱딱해지려면 삶을 거슬러 살아야 한다. 강해지고 싶다면 삶의 흐름과 싸워라. 그러면 강해질 수 있다. 그밖에 강해지는 길은 없다. 강해지려면 흐름을 거슬러 올라가라. 물살이 셀수록 강해질 것이다. 약해지려면 강물과 같이 흘러가라. 강물이 어디로 가든 함께 흘러가라. 강물이 '5리를 같이 가자'라고 하거든 10리를 같이 가줘라. 강물이 '속옷을 달라' 하면 겉옷까지 내줘라. 강물이 오른뺨을 때리거든 왼뺨도 대줘라.

약함에는 그만의 아름다움이 있다. 이는 평화의 아름다움이다. 이는 아힘사 Ahimsa**, 즉 비폭력의 아름다움이다. 사랑의 아름다움이요, 용서의 아름다움이다. 이는 갈등의 아름다움이 아니다.** 노자를 이해하지 못하면 인류는 화평하게 살 수 없다.

강해지라고 배운 사람은 필연적으로 삶과 싸울 수밖에 없다. 세상의 정치 지도자라고 하는 사람들은 모두 평화를 사랑한다고 떠들어대면서 다른 한쪽으로 전쟁을 준비한다. 평화를 수호할 것이라고 외치면서 무기를 양산한다. 그들은 타국이 두려운 존재이기 때문에 전쟁에 대비해야 한다고 주장한다. 타국 역시 똑같은 말을 한다. 이 모두 어리석고 우둔한 짓이다. 중국은 인도를 두려워하고 인도는 중국을 두려워한다. 이것의 실상을 보지 못하는가? 러시아는 미국을 두려워하고 미국은 러시아를 두려워한다. 그들은 모두 평화 회담을 하면서 전쟁을 준비한다. 그리고 그들이 준비한 것이 현실에서 일어난다.

　세상의 평화 회담은 모두 쓰레기다. 평화 회담은 냉전에 지나지 않는다. 다음 전쟁을 준비하는 데는 시간이 소요되기 때문에 평화 회담을 진행하면서 시간을 버는 것이다. **인류사는 전쟁을 진행하는 기간과 전쟁을 준비하는 기간의 반복이었다. 인류사는 미친 짓들뿐이었다.** 인류는 권력과 에고를 찬양하기 때문에 이런 역사를 되풀이할 수밖에 없었다. 두 사람이 길에서 싸운다고 가정해 보자. 한 사람이 강하고 다른 사람은 약하다. 약한 사람이 넘어지고 강한 사람이 약자의 가슴 위에 올라탄다. 그대는 어느 쪽을 편드는가? 싸움에서 이긴 자를 편드는가? 이긴 자를 지지하는 사람은 폭력과 전쟁을 지지하는 자다. 정신이 이상하고 위험스러운 자다.

　그대는 싸움에서 진 자를 편드는가? 아무도 약자를 편들지 않으며 약자에 동조하지 않는다. 내면을 들여다보면 모두 강자가 되고 싶어 한다. 강자를 편드는 사람은 "나도 그 사람처럼 되고 싶다. 그는 나의 이상이다."라고 주장한다.

　힘을 칭송하는 것은 폭력을 칭송하는 것이다. 힘을 칭송하는 것은 또한 죽음을 칭송하는 것이다. 왜냐하면 모든 힘은 생명을 죽이기 때문이다. 힘은 타인을 죽일 뿐 아니라 자신도 죽인다. '약함'이라는 말 자체에 얕잡아 보는 인간의 마음이 들어 있다. 약함이란 무엇인가? 꽃은 약하다. 하지만 꽃 옆에 있는 돌은 강하다. 그대는 돌과 같은 존재가 되고 싶은가, 아니면 꽃과 같은 존재가 되고 싶은가? 꽃은 약하다. 그것도 아주 나약하다. 강풍이 조금만 불어도 꽃잎을 떨어뜨리고 쓰러진다. 꽃은 기적 같은 존재다. 꽃의 생존 방식이 기적이란 말이다. 그렇게도 약하고 부드러운 꽃! 생존이 불가능한 것처럼 보인다.

그런데 꽃은 어떻게 생존하는가? 돌의 생존은 너무 당연하다. 하지만 꽃은? 꽃은 대단히 연약해 보이지만 생존한다. 꽃의 생존은 기적이다. 그대는 꽃과 같은 존재가 되고 싶은가? 마음속 깊은 곳에 있는 에고는 '돌과 같은 존재가 되어라'라고 할 것이다. 꽃과 같은 존재가 되고 싶어 해도 에고는 이렇게 말할 것이다. "꽃과 같은 존재가 되고 싶다면 조화造花가 되어라. 강한 조화가 되란 말이다! 그러면 바람이나 비가 너를 건드리지 못한다. 그러면 영원히 살 수 있다." **진짜 꽃은 아침에 피어나서 한순간 웃고 향기를 퍼트린 뒤 떨어진다. 가짜 꽃, 즉 조화는 영원히 산다.** 그러나 조화는 가짜일 뿐이다. 가짜이기 때문에 강할 수 있는 것이다. 진짜는 약하고 부드러운 법이다.

그대는 돌의 논리를 좇기 때문에 신을 이해하지 못한다. 그대는 수학의 논리를 알지 꽃의 논리를 알지 못한다. 그대에게는 꽃을 감상할 수 있는 감각이 없다. 시를 아는 정신만이 신의 존재를 이해할 수 있다. 왜냐하면 신은 가장 약하고 부드러운 존재이기 때문이다. 신은 궁극의 꽃이다. 신은 찰나에 피어나는 꽃이다. 이 찰나가 바로 '현재'다. 이 찰나는 너무나 짧은 순간이어서 완전히 깨어 있어야만 인지할 수 있다. 완전히 깨어 있어야만 알아볼 수 있다. 그렇지 않으면 찰나에 피어나는 신을 인지할 수 없다. 신은 항상 피어나고 있다. 매 순간 피어나고 있다. 하지만 그대에게는 볼 수 있는 눈이 없다. 마음이 과거와 미래로 어지럽기 때문이다. 현재는 눈 깜박할 사이에 지나갈 만큼 짧은 순간이다. 그 짧은 순간에 신이 피어난다.

신은 가장 높은 궁극이다. 하지만 신은 대단히 약하고 부드럽다. 그럴 수밖에 없다. 신은 정점이요, 클라이맥스다. 그 너머에는 아무것도 없다. 그대는 약함과 부드러움의 논리를 이해할 때만 신을 이해할 수 있다. 강해지려고 노력하면, 전사나 무사나 정복자가 되려고 하면 그대는 꽃이 아니라 돌에 둘러싸인 세상에서 살게 된다. 신은 머나먼 이야기가 된다. 그렇게 되면 그대는 신을 찾을 수 없게 된다.

인간은 태어날 때 부드럽고 약하지만 죽을 때는 강하고 딱딱하다.

그러므로 부드럽고 약한 삶을 살라. 강하고 딱딱한 삶을 살려고 하지 마라. 강하고 딱딱하게 살면 죽음만 재촉할 뿐이다. **죽음은 언젠가 찾아올 것이다. 부드럽고 약하게 사는 사람은 죽음을 두려워하지 않는다. 죽음은 문제가 되지 않는다. 하지만 죽은 인격으로 사는 사람에게 죽음은 문제가 된다.** 사실 죽음 자체는 대단히 부드럽다. 삶보다 더 부드럽고 유하다. 삶의 소리들은 들을 수 있지만 죽음의 소리들은 들을 수 없다. 죽음은 너무나 부드럽게 찾아오기 때문에 1초 전에도 죽음이 오는 것을 알 수 없다. 죽음은 너무나 부드럽고 약하다. 따라서 죽음은 문제가 아니다. 문제는 그대가 죽은 것처럼 살고 있다는 것이다. 죽기 전에 이미 죽었다는 것이다. 딱딱하게 굳은 삶을 살고 있다는 것이다. 라이프니츠Gottfried Wilhelm von Leibniz, 1646~1716 : 독일의 철학자이자 수학자. 탁월한 형이상학자이자 논리학자로서 미적분의 독창적 발명으로 유명하다. 대표 저서로 『단자론(Monadology)』이 있다_역주는 이와 같은 상황을 '모나드Monad'로 표현했다. 모나드란 밖을 내다볼 수 있는 창문이 전혀 없는 감옥이나 캡슐 등과 같은 공간을 말한다. 모나드는 틈이 없이 완전히 밀폐된 방이다. 모나드의 어원은 독점Monopoly이나 수도원Monastery, 수사Monk 등의 어원과 같다. 그 어원은 '완전히 홀로 존재한다'라는 뜻이다. 그런 의미에서 모나드는 완전히 닫히고 죽은 수도원과 같다. 그대는 혼자 동굴에서 살기 때문에 아무도 찾아오지 못한다. 그대는 완전히 닫혀 있다.

이런 삶은 딱딱한 죽음과 같다. 이런 삶을 살면 그대는 불행하다. 그대는 불행에서 벗어날 수 있는 길을 찾는다. 하지만 강하고 딱딱하게 살기 때문에 불행은 커져만 간다. 그런 와중에도 불행을 피할 수 있는 방법을 탐색한다. 자신이 어떻게 불행해졌는지를 이해하면 당장 불행에서 벗어날 수 있다. 부드러워져라. 삶과 더불어 흘러가라.

어린아이가 되어라. 어린아이의 순수함과 부드러움을 키워나가라. 그러면 어느 날 놀랍게도 50년 전의 아이가 아직도 내면에 살아 있음을 발견할 것이다. 그 아이와 접촉하는 법을 알면 그대는 다시 어린아이가 될 수 있다.

아이는 결코 사라진 일이 없다. 아이는 그대의 생명이다. 그래서 언제나 그대의 내면에 있다. 아이가 죽어서 청년이 되고 청년이 죽어서 노인이 되는 게 아니다. 아이와 청년과 노인은 층층이 쌓여갈 뿐이다. 가장 깊은 내면에 있는 중심은 언제나 그대로이다. 태어났을 때의 그대는 아직도 내면에 그대로 있다. 그 위에 많은 층이 쌓였지만, 이 층들을 뚫고 들어가면 그대의 어린아이가 터져 나온다. 이 어린아이가 터져 나오는 것을 나는 엑스터시라 부른다.

예수는 말한다. "다시 어린아이가 되지 않고서는 하나님의 나라에 들어갈 수 없다." 이게 바로 내가 말하는 바다. 그대가 딱딱하게 굳은 껍질과 여러 층을 뚫고 들어가면 갑자기 내면에서 어린아이가 터져 나온다. 그러면 어린아이의 순수한 눈으로 세상을 보게 된다. 바로 거기에 신이 있다.

신은 철학적인 개념이 아니다. 신은 어린아이의 눈으로 보는 세상이다. 어린아이의 눈으로 사물을 보면 세상-같은 꽃과 나무, 하늘 등-이 신성하게 보인다. 순수하고 유하고 부드러운 가슴만 있으면 된다. 지금 존재하지 않는 것은 신이 아니라 '그대'다.

인간은 태어날 때 부드럽고 약하지만 죽을 때는 강하고 딱딱하다.
식물은 살아 있을 때 연하고 촉촉하지만 죽으면 파삭하고 건조하다.

배우라. 삶은 여러 가지로 그대를 가르친다. 삶은 그대가 가야 할 길을 보여준다.

> 따라서 딱딱함과 뻣뻣함은 죽음의 친구요, 부드러움과 유연함은 삶
> 의 친구다.

좀 더 생생하고 풍요롭게 살고자 한다면 삶의 친구가 되어라. 부드럽고 유연하라. **마음을 혼란스럽게 하는 것은 모두 그대를 딱딱하게 만든다. 매 순간 과거로부터 자유로운 삶을 살라.**

그대에게는 많은 방이 딸린 저택이 있다. 그런데 모든 방에 조각 그림 맞추기의 조각들이 어지럽게 흩어져 있다. 집 안 전체가 조각들로 어지럽다. 책상과 의자, 침대, 바닥 등에 널려 있고 심지어 천장에도 매달려 있다. 하지만 그대는 이것들을 어떻게 맞춰야 할지 모른다. 하나의 조각 그림을 맞춰 보려 애쓰지만 제대로 되지 않는다. 그러면 다른 조각 그림을 맞춰 본다. 그러나 첫 번째 조각 그림이 자꾸만 머릿속에서 맴돈다. 그뿐 아니라 출근할 때도 풀리지 않은 조각 그림을 머릿속에서 맞춰 본다. 또 다른 조각 그림을 맞춰 보지만 풀리지 않는다. 그대의 마음이 정리되어 있지 않기 때문이다. 다른 방으로 가서 시도해 본다. 이런 식으로 돌고 돈다.

그대는 풀리지 않는 조각 그림들로 어지럽다. 그러면 그대의 정신은 서서히 병들어간다. 단 하나의 문제도 풀리지 않고 수많은 문제가 마음속에서 맴돈다. 그리고 서서히 죽어간다.

절대로 과거를 짊어지고 다니지 마라. 과거는 이미 지나가고 없다. 풀리든 풀리지 않든, 매 순간 집착하지 마라. 지나간 순간은 어쩔 수

없다. 내려놓으라. 마음에 담아 두지 마라. 마음에 담아 두면 새로운 순간에 오는 새로운 문제를 풀 수 없게 된다. **이 순간을 전체적으로 살라. 순간을 전체적으로 살 때 문제는 저절로 풀리는 것임을 깨닫는다. 문제를 풀려고 애쓸 필요가 없다. 삶이란 풀어야 하는 문제가 아니라 살아야 하는 신비다.** 삶을 전체적으로 살면 문제는 저절로 풀린다. 그대를 괴롭히던 문제들이 사라지고 마음의 문이 열리면서 그대의 삶은 아름답고 풍요로워진다. 그리고 전체적이고 치열하고 새롭게 다음 순간으로 넘어간다. 그런 삶에는 아무런 문제가 생기지 않는다.

자신이 제대로 살지 못한 순간들을 쌓아 두지 마라. 그렇지 않으면 그대는 딱딱해진다. 과거의 짐들을 모두 내려놓을 때 그대는 부드러워질 수 있다. 왜 어린아이들이 부드러운가? 과거를 짊어지고 다니지 않기 때문이다. 아이의 길이 현자의 길이다. 아이는 화가 나면 화를 낸다. 그 순간 아이는 붓다가 화에 대해 뭐라고 말했는지 신경 쓰지 않는다. 마하비라가 분노를 어떻게 관리하라고 가르쳤는지에 대해 신경 쓰지 않는다. 아이는 진짜로 화를 낸다! 아이는 아주 진지하게 화를 낸다. 그 때문에 그 모습이 오히려 아름답게 보인다. 아이가 진짜로 화를 낼 때의 모습을 보라. 유하고 부드럽고 작은 체구의 아이는 하늘을 무너뜨리기라도 할 것처럼 뛰고 소리를 지른다. 에너지가 폭발한다. 다음 순간 분노가 지나가면 아이는 또 천진스럽게 뛰논다. 다시 아이의 얼굴을 보라. 이 아이가 조금 전까지만 해도 펄쩍펄쩍 뛰며 화를 냈단 말인가? 이제는 아주 보기 좋게, 아주 기분 좋게 웃는다!

이것이 참으로 사는 길이다. 아이는 순간에 전체적으로 몰입한다. 이 순간이 지나가면 아무것도 걸리지 않는다. 아이는 분노의 순간을 산다. 그리고 지나간다. 세상에 참교육이 실현될 때 우리는 아이들에게 '화내서는 안 된다'라고 가르치지 않을 것이다. 화를 내라고 가르칠 것이다. 전체적으로 화를 내면 뒤에 아무것도 남지 않는다고 가르칠 것이다. 분노 자체는 나쁘지 않다. 분노를 담아 두고 쌓아 두는 것이 나쁘다. 분노의 섬광은 아름답다. 사실 분노는 우리에게 필요하다. 분노가 있음으로써 삶은 더욱 다채로워지고 맛깔스러워진다. 분노가 없으면 그대의 삶은 무미건조해진다. 색깔이 없어진다. 분노는 그 자체로 좋은 운동이다. 전체적으로 분노에 몰입하고, 또 전체적으로 분노에서 빠져나오면 아무런 문제도 생기지 않는다.

전체적으로 화낼 줄 모르는 사람은 전체적으로 행복할 수도 없다. 본질적인 문제는 분노나 행복에 있지 않다. 본질적인 문제는 무엇을 할 때 얼마만큼 전체적으로 하느냐에 있다. **그대는 제대로 화내지 못하면 왠지 불완전하다고 느낀다. 그대는 순간을 부분적으로 산다. 그러면 다른 부분들이 마음에 걸린다. 웃는다고 해도 그 웃음은 순수하지 않다. 해소되지 못한 분노로 그대의 웃음은 오염되어 있다.** 웃는 표정을 짓는다고 해도 그 웃음은 병들어 있다. 분노가 발산되지 못하고 과거가 그대 주위를 맴돈다. 그래서 완전히 자유롭게 지금 여기에 존재하지 못한다.

사람들이 나를 찾아와 이렇게 묻곤 한다.

"명상을 시작하면 갑자기 수많은 생각들이 몰려옵니다. 평소에는 그렇지 않거든요. 명상만 시작하면 몰려오는 거예요."

왜 그런가? 완결되지 못한 경험들 때문이다. 명상할 때는 아무 일도 하지 않기 때문에 생각들이 몰려와 이렇게 요구한다.

'지금 아무 일도 하지 않으니, 우리 문제를 풀어 달라, 우리 일을 완결해 달라. 우리의 바람을 실현해 달라. 지금 너는 아무것도 하지 않고 있다. 여기 그냥 앉아 있는 명상은 일이 아니다. 무언가를 하라! 분노가 거기 있다. 이를 풀어내라. 사랑이 거기 있다. 이를 완결하라. 욕망이 거기 있다. 무언가를 하라!'

일을 하고 있을 때는 이런 생각이 들지 않는다. 하지만 명상을 하기 시작하면 이런 생각이 몰려들어 아우성을 친다. '우리 일을 완결해 달라' 이런 생각들은 과거에서 오는 유령들이다.

매 순간을 전체적으로 살라. 과거를 내려놓고 깨어서 살라. 절대 어렵지 않다. 약간의 각성만 있으면 된다. 다른 것은 필요 없다. 로봇처럼 잠 속에서 살지 마라. 좀 더 깨어 있으라. 그러면 현상의 이면들이 보일 것이다. 어린아이처럼 부드러워지고 어린나무처럼 유연해질 것이다. 죽음이 찾아오는 순간까지 유연하게 살라. 젊고 유연하고 싱싱하게 살면 죽음이 찾아와도 그대는 죽지 않는다. 그대 안에 생명의 빛이 타올랐기 때문에 죽음도 그대를 어찌하지 못한다. 오직 죽은 것처럼 사는 사람들만이 죽는다. 생명의 빛이 타오른 사람은 죽음이 오면 죽음을 지켜본다. 몸이 죽는다. 마음이 죽는다. 하지만 그는 죽지 않는다. 그는 죽음 너머에 존재한다.

> 군대가 완강하면 전쟁에서 패할 것이요,

노자의 말은 불합리하게 들린다. 노자는 군대가 완강하면 전쟁에서 패한다고 말한다. 사람들은 완강할 때라야 이길 수 있다고 생각한다.

> 나무가 뻣뻣하면 잘려 나갈 것이다. 크고 강한 것은 하위의 것이요, 부드럽고 약한 것은 상위의 것이다.

뿌리는 단단하므로 하위의 것이다. 꽃은 부드러우므로 상위의 것이다. 강한 사람이 뿌리를 맡고 유연한 사람이 상부를 맡으면 이상적인 사회 구조가 될 것이다. 시인과 화가가 사회의 상부를 맡아야 한다. 성자와 현자가 최상부를 맡아야 한다. 군인과 정치가와 사업가는 하부를 맡아야 한다. 그들은 상부를 맡을 만한 사람들이 아니다. 하부에 있어야 할 사람들이 상부를 차지하는 바람에 온 세상이 뒤죽박죽되었다.

이는 마치 뿌리가 나무의 정상을 차지하고 꽃을 밑으로 밀어낸 형국이다. 세상이 더욱 조화로운 환경이었을 때는, 그러니까 인도를 예로 들어보자. 인도에서는 브라만Brahman, 힌두교 카스트의 제1 계급인 승려 계급_역주이 상부를 맡았다. 브라만은 브라흐마Brahma, 힌두교의 창조신, 혹은 우주의 근원_역주를 깨달은 현자들이었다. 브라만은 태어나면서부터 정해지는 계급과는 아무런 관련이 없다. 브라만은 내면의 부활과 관련 있다. 궁극을 깨달은 사람이 브라만이다. 브라만은 사회의 꽃이었다. 그래서 상부를 맡았다. 강력한 제후와 황제들도 브라만의 발아래 절을 했다. 그것이 바른 법도였다. 왕은 아무리 강할지라도, 아무리 위대할지라도 왕일 뿐이다. 야망과 에고를 좇는 속인은 정신이 병들어 있다. 따라서 왕이라 할지라도 브라만에게 절을 해야 했다.

이런 이야기가 있다.

붓다가 어떤 나라를 찾아왔다. 그런데 이 나라의 왕은 도성 밖으로 나가서 붓다를 영접하길 꺼렸다.

지혜로운 늙은 재상이 왕에게 조언을 했다.

"가보셔야 합니다."

왕이 대답했다.

"격에 맞지 않는 것 같소. 그는 구걸하는 거지가 아니오? 그냥 오라고 하시오! 왜 내가 도성 밖에까지 나가 영접을 해야 하오? 나는 왕이고 그는 거지요."

그러자 늙은 재상은 그 자리에서 사직서를 썼다.

"사직서를 받으십시오. 그렇게 옹졸하시다니 저는 더는 여기 있을 수 없습니다. 전하는 한 나라의 왕이지만 그분은 왕국을 버린 분입니다. 아무것도 가진 게 없습니다. 전하에게는 거대한 나라가 있고, 그분에게는 아무것도 없습니다. 하지만 그분은 더없이 높으신 분입니다. 가서 영접하십시오. 그렇게 하지 않으려면 제 사직서를 받으십시오. 저는 더는 전하를 보필할 수 없습니다. 그럴 수 없습니다."

그래서 왕은 나가서 영접을 해야 했다.

왕이 붓다에게 절을 하자 붓다가 말했다.

"그럴 필요 없습니다. 전하는 마지못해 나왔지요. 마지못해 나오는 건 진정으로 나오는 게 아닙니다. 존경은 강요될 수 있는 게 아닙니다. 존경을 이해하든가, 못하든가 둘 중 하나일 뿐입니다. 그러므로 여기까지 나올 필요가 없었습니다. 내가 전하를 보러 여기까지 오지 않았습니까? 나는 거지에 불과합니다."

그러자 왕이 울기 시작했다. 붓다의 말을 깨달은 것이다.

동양에서 브라만은 사회의 정상에 있다. 그것이 바른 사회 구조다. 하지만 **지금 세상에서는 정치가들이 정상에 서 있다. 그래서 불행과 혼란이 세상을 지배한다. 그럴 수밖에 없다. 현대 사회 구조의 정상은 너무나 무거워졌다. 꽃이 정상에 있어야 한다. 현자와 시인, 신비가가 정상에 있어야 한다. 정치가가 아니다.**

크고 강한 것은 하위의 것이요, 부드럽고 약한 것은 상위의 것이다.

노자의 말은 이렇다. '정상에 서고 싶다면 부드럽고 약한 사람이 되어라. 유하고 부드러워져라. 거대한 나무처럼 강하지 말고 작은 풀처럼 부드러워져라.'

노자는 무용無用한 것들에 깊은 관심을 갖는다. "무용하면 보호를 받는다."라고 그는 말한다. 유용하면 위험하다. 만약 그대가 유용하면 사람들이 그대를 이용하려고 든다. 그대가 강한 사람이라면 국가가 그대를 군대에 집어넣는다.

노자가 제자들과 함께 어느 마을을 지나가다가 한 곱사등이를 보게 되었다.
노자가 제자들에게 일렀다.
"곱사등이에게 가서 어떻게 살고 있는지 물어보라. 나라에 무슨 변고가 생겼다고 하더라. 왕이 나라의 모든 젊은이를 징집했다고 하더라."
제자들이 곱사등이에게 가서 물었다.
그러자 곱사등이가 대답했다.
"운이 정말 좋았지요! 내 등이 이 모양이라 징집을 면할 수 있었어요. 나는 쓸모가 없어요. 그래서 목숨을 구할 수 있었어요."
제자들이 노자에게 돌아와 곱사등이의 말을 전했다.
노자가 말했다.
"쓸모없는 사람이 되어라. 이를 잘 기억하라. 그렇지 않으면 전쟁에서 목숨을 바치는 신세를 면하지 못할 것이다."
또 한 번은 숲을 지나가다가 커다란 나무 아래 당도하게 되었다. 족히 수백 명의 사람이 그늘에서 쉴 수 있을 만큼 큰 나무였다. 수많은 목수가 그 숲의 나무들을 모두 베어내고 있었다.

노자가 제자들에게 일렀다.

"가서 왜 이 나무만 베지 않는지 물어보라."

제자들이 가서 물었다.

그러자 목수들이 상황을 설명해 주었다.

"그 나무는 아무짝에도 쓸모가 없습니다. 가지들이 반듯하지 않아서 가재도구를 만들 수 없어요. 불을 때면 연기가 너무 지독해서 땔감으로도 쓸 수 없고요. 그리고 잎은 어찌나 쓴지 가축의 꼴로도 쓸 수가 없습니다. 정말 아무짝에도 쓸모가 없어요. 그래서 자르지 않은 겁니다."

제자들이 돌아와 목수들의 말을 전하자 노자가 한바탕 웃고 나서 말했다.

"바로 그 나무처럼 아무짝에도 쓸모없는 사람이 되어라. 그러면 아무도 너희들을 베지 않을 것이다. 이 나무를 좀 보라. 쓸모가 없으니까 얼마나 크게 성장했느냐!"

삶은 두 가지 측면에서 볼 수 있다. 실용적인 측면에서 바라보면 모든 것은 쓸모가 있어야 한다. 그렇게 바라보면 삶은 목적을 성취하기 위한 수단이 되어 버린다. 그렇지 않고 누리는 측면에서 삶을 바라볼 수 있다. 그렇게 바라보면 목적도 목표도 사라지고 이 순간이 전부가 된다.

일전에 어느 시집을 읽은 적이 있다. 그중 한 시구가 매우 감동적이었다.

"시는 의미를 노래하지 않고 존재를 노래해야 한다."

참으로 좋은 시구다. 그와 같이 삶도 의미를 노래하지 않고 존재를 노래해야 한다! 삶은 그 자체가 목적이다. 다른 데 목적이 있지 않다. '지금 여기'를 누리고 찬미하라. 그럴 때 그대는 부드러워질 수 있다. 쓸모 있는 사람이 되려고 노력할 때 딱딱해진다. 무언가를 성취하려고 할 때도 딱딱해진다. 싸우려고 할 때도 딱딱해진다. 모든 걸 내려놓아라. 그리고 부드럽고 유한 사람이 되어라. 삶의 흐름이 어디로 흘러가든 함께 흘러가라. 전체계의 목적이 그대의 목적이 되게 하라. 자신만의 개별적인 목적을 구하지 마라. 그냥 전체의 부분이 되어라. 그러면 무한한 아름다움과 은총이 내려올 것이다.

내가 지금 말하는 것을 느껴 보라. 이는 이해의 문제도 아니요, 지능의 문제도 아니다. 내가 말하고 있는 것을 느껴 보라. 흡수하라. 그대의 내면에서 살아 숨 쉬게 하라. 삶이란 의미를 추구하는 것이 아니라 존재를 추구하는 것이다. 존재를 추구할 때 그대는 어느 순간 갑자기 부드러운 존재가 된다. 모든 딱딱함이 녹아 없어진다. 그리고 아기가 다시 태어난다. 다시 어린아이가 된다. 그리고 아이의 맑은 눈으로 세상을 본다. 나무들이 완전히 달라 보인다. 새들의 노래도 완전히 다르게 들린다. 전체계가 완전히 다른 뜻으로 나타난다. 전체계에는 뜻이 있지 의미는 없다. 의미는 실용성에 관계된 것이요, 뜻은 환희에 관계된 것이다.

　전체계 안에서 기뻐하라. 그러면 부드러워질 것이다. 삶의 강물과 같이 흘러가라. 강물 자체가 되어라.

이기적인 사람이 되어라

　이기적이지 않은 사람은 있을 수 없다. 오직 위선자만이 자신이 이기적이지 않은 사람이라고 우긴다.
　세상 종교들이 '이기심은 나쁘다'라고 가르치기 때문에 사람들은 이기심을 나쁜 것으로 생각한다. 종교들은 모두 이타적인 사람이 되라고 가르친다. 왜 그럴까? 다른 사람들을 돕고…….
　이런 이야기가 생각난다.

　어린아이가 엄마와 이야기를 하고 있었다.
　엄마가 말했다.
　"항상 잊지 말고 다른 사람들을 도와야 한다."

아이가 물었다.

"그럼 다른 사람들은 무얼 하는데요?"

엄마는 당연하다는 듯이 이렇게 말을 이었다.

"그들도 다른 사람들을 돕지."

그러자 의아해진 아이가 말했다.

"이상한 방법이네요. 다른 사람이 또 다른 사람을 돕고, 또 다른 사람이 또 다른 사람을 돕고……. 그렇게 하지 말고 그냥 자기 자신을 도우면 안 되나요?"

이기심은 자연스러운 것이다. 진정으로 이기적일 때 진정으로 나눌 수 있다. 기쁨이 넘쳐흐를 때 그 기쁨을 타인과 나눌 수 있다. 하지만 우리의 현실을 보면 불행한 사람이 다른 불행한 사람을 돕는다. 눈먼 사람이 다른 눈먼 사람을 인도한다. 그대는 타인에게 무슨 도움을 줄 수 있냐고 생각하는가? 눈먼 사람이 눈먼 사람을 인도할 수 있다는 생각이 오랜 세월 계속 내려오고 있다. 하지만 이는 매우 위험한 생각이다.

어느 작은 학교 여선생이 아이들을 가르치고 있었다.

"적어도 일주일에 한 번은 좋은 일을 해야 해요."

한 남학생이 물었다.

"어떤 게 좋은 일인지 예를 들어서 말씀해 주세요."

그러자 여선생이 대답했다.

"예를 들어, 눈먼 사람이 도로를 건너고 싶어 할 때 도와주는 거지. 이런 게 좋은 일이고 선행이야, 알았지?"

한 주가 지나고 여선생이 학생들에게 물었다.

"내가 지난주에 말한 것을 실천에 옮긴 학생 있니?"

세 명의 학생이 손을 들었다.

"이러면 안 되는 거야. 학급 전체가 아무런 선행도 하지 않은 거잖아."

여자 선생님이 선행을 했다는 첫 번째 학생에게 물었다.

"그래, 너는 뭘 했니?"

"선생님이 하라는 대로 했어요. 어떤 눈먼 할머니가 도로를 건너는 걸 도와주었어요."

"그래 잘했다."

그리고 나서 여선생은 두 번째 학생에게 물었다.

"너는 무얼 했니?"

"저도 똑같이 했어요. 눈먼 할머니가 도로 건너는 것을 도와주었어요."

여선생이 약간 당황했다. 학생들이 어디서 눈먼 할머니를 둘씩이나 찾았단 말인가? 하지만 그 학교는 대도시에 있었기 때문에 그럴 가능성은 충분히 있었다.

여선생이 세 번째 학생에게 묻자 학생이 대답했다.

"저도 그대로 했어요. 눈먼 할머니가 길 건너는 걸 도와주었어요."

여선생이 다시 물었다.

"그럼 너희들은 세 명씩이나 되는 눈먼 할머니들을 어떻게 만날 수 있었니?"

학생들이 대답했다.

"세 명이 아니라 눈먼 할머니는 한 분밖에 없었어요. 그 할머니가 길을 건너게 해주는 데 얼마나 힘들었다고요! 할머니가 소리를 지르고 우리를 때리기까지 했어요. 사실 할머니는 길을 건너려고 하지 않았거든요. 하지만 선생님이 선행을 해야 한다고 했잖아요. 사람들이 몰려들어서 우리를 막 나무랐어요. 그래도 우리는 '걱정하지 말아요. 할머니를 길 건너편으로 데려다줄 거예요.'라고 했어요."

여러 종교는 다른 사람을 도와주라고 한다. 하지만 사람들의 내면은 비어 있다. 이웃을 사랑하고 원수를 사랑하라고 하지 자신을 사랑하라고 말하진 않는다. 이는 직간접적으로 자신을 미워하라고 가르치는 꼴이다. 자신을 미워하는 사람은 타인을 사랑할 수 없다. 사랑하는 척 가장할 뿐이다.

근본적으로 중요한 것은 자신을 전체적으로 사랑해서 그 사랑이 타인에게로 넘쳐흘러야 하는 것이다. **나는 나눔을 반대하지 않는다. 나는 이타주의를 반대한다. 나눔은 좋은 것이다. 하지만 나누려면 먼저 그대에게 나눌 수 있는 뭔가 있어야 한다.** 그대가 가지고 있는 것을 나눌 때 의무적인 나눔이 되지 않는다. 이때 고마워해야 할 사람은 그대의 나눔을 받는 사람이 아니라 그대 자신이다. 상대가 그대의 나눔을 거절할 수도 있었지만 너그럽게 받아 주었기 때문이다.

누차 강조하지만, 자신의 행복과 더없는 행복과 침묵이 넘쳐서 자연스럽게 나눌 수 있어야 한다. 넘쳐흐름이 너무나 벅차서 장대비처럼 쏟아져 내려야 한다. 상대의 목마름이 해소되고 대지의 목마름이 해소되는 것은 둘째 문제다. 기쁨이 넘쳐날 때, 빛이 넘쳐날 때, 침묵이 넘쳐날 때 다른 사람이 나누라는 말을 안 해도 자연스럽게 나누게 된다. 혼자만 움켜쥐고 있는 것보다 나누는 것이 더없는 기쁨이 되기 때문이다.

그러므로 우리의 의식 구조를 완전히 바꿀 필요가 있다. 이타주의를 외칠 필요가 없다. 불행한 사람이 무얼 나눌 수 있단 말인가? 눈이 벌건데 무엇을 할 수 있단 말인가? 자신의 삶을 모두 놓친 사람이 무엇을 할 수 있단 말인가? 우리는 자신이 가진 것만을 나눌 수 있을 뿐이다. 사람들은 타인에게 불행과 고통과 걱정을 나눠 준다. 진정 이것이 이타주의인가? 아니다. 나는 모든 사람이 완전히 이기적인 사람이 되었으면 한다.

나무는 모두 이기적이다. 뿌리에서 물을 끌어올려 가지와 잎, 열매, 꽃으로 수액을 나른다. 꽃이 피면 그 향기는 자연스럽게 퍼져나간다. 아는 사람, 모르는 사람, 친한 사람, 낯선 사람 등 가리지 않고 모두에게로 퍼져나간다. 나무가 열매들로 뒤덮이면 열매 또한 아낌없이 나눈다. 하지만 나무에게 이타주의를 가르친다고 생각해 보라. 그러면 나무는 죽을 것이다. 마치 모든 사람이 송장이 되어 걸어 다니는 것처럼 말이다. 어디로 걸어가는가? 무덤으로 걸어간다. 무덤 속에서 영원히 안식하기 위해서 말이다.

삶은 춤이 되어야 한다. 삶은 춤이 될 수 있다. 삶은 음악이 되어야 한다. 그럴 때 그대는 나눌 수 있다. 아니 나눠야 한다. 이는 사실 말할 필요조차 없는 것이다. 존재계의 법이 그렇기 때문이다. 그대의 더없는 행복은 나누면 나눌수록 커진다.

나의 길은 이기주의의 길이다.

명 상 기 법

여기에 소개되는 명상법과 이와 유사한 명상법들은 오쇼의 『비밀의 서The Book of Secrets』에서 찾아볼 수 있다.

상대의 의식을 자신의 의식으로 느껴라. 자신에 대한 관심을 밀어 놓고 상대의 존재가 되어라.

사람들의 의식을 자신의 의식으로 느껴라. 물론 현상의 세계에서는 상대의 의식을 그대의 의식으로 느낄 수 없다. 그러나 실재의 세계에서는 상대의 의식이 곧 그대의 의식이다. 그대는 자신의 의식만 느낄 뿐, 타인의 의식을 느끼지 못한다. 기껏해야 상대에게도 의식이 있을 것으로 추측할 뿐이다. 그대에게 의식이 있기 때문에 상대에게도 의식이 있을 것으로 추측할 뿐이다. 이는 논리적인 추론이다. 그대는 다른 사람들의 의식을 느끼지 못한다. 그대는 두통이 생기면 이를 의식한다. 하지만 상대에게 두통이 생기면 이를 의식하지 못한다. 그저 상대도 그대와 같은 사람이기 때문에 상대의 두통이 사실일 것이라고 추측할 뿐이다. 그대는 상대의 두통을 느끼지 못한다.

상대에 대한 느낌은 그대가 상대의 의식을 인지할 수 있을 때라야 찾아온다. 그렇지 않으면 논리적인 추론만 있을 뿐이다. 그대는 상대가 정직하게 말하니까 그대로 믿는다. 그대도 상대와 비슷한 경험을 소유하고 있기 때문에 상대의 말이 믿을 만하다고 생각한다.

상대를 아는 것은 불가능하다고 주장하는 논리 학파가 있다. 기껏해야 추론만 할 뿐이지 상대를 결코 알 수 없다는 것이다. 상대도 그대와 같은 고통을 느끼거나 걱정을 한다는 것을 어떻게 알 수 있는가? 우리는 상대의 마음속으로 들어갈 수 없다. 기껏해야 상대의 거죽만 만져 볼 수 있을 뿐, 상대의 내면은 알 수 없다. 우리는 자신 안에 갇혀 살고 있기 때문이다.

우리 주위에 있는 세상은 느낌으로 아는 세상이 아니라 추론이나 논리, 이성으로 아는 세상이다. 그대의 마음은 세상이 거기 있다고 말하지만, 가슴은 그 세상을 느끼지 못한다. 그래서 우리는 타인을 사람이 아니라 물건처럼 대하게 된다. 남편은 아내를 물건처럼 대한다. 남편도 아내를 소유하고 아내도 남편을 물건처럼 소유한다. 우리가 상대를 사람으로 대한다면 상대를 소유하려고 들지 않을 것이다. 소유의 대상은 사람이 아니라 물건이기 때문이다.

인간은 자유의 존재다. 그래서 **인간은 소유의 대상이 될 수 없다. 상대를 소유하려 드는 것은 상대를 물건으로 전락시키고 상대의 영혼을 죽이는 것이다.** 그대는 상대를 '나와 너'의 관계로 보지 않는다. 그대의 마음을 깊이 들여다보면 상대를 '나와 그것'의 관계로 보고 있음을 알 수 있다. 상대는 이용하거나 조종할 수 있는 물건이 아니다. 상대를 물건으로 보기 때문에 요즈음 사랑이 더욱더 어려워지고 있는 것이다. 진정한 사랑은 상대를 엄연한 인간으로, 의식과 자유의 존재로, 그대만큼이나 소중한 존재로 볼 때 가능하다.

모든 대상을 물건으로 대하면 그대는 유아독존의 존재가 되어 상대를 물건으로 이용하려고 든다. 그대의 관계는 실용성에만 모인다. 그대는 실용적인 것에만 가치를 부여한다. 집은 그대를 위해 존재한다. 집은 실용적인 것이다. 자동차도 그대를 위해 존재한다. 하지만 아내는 남편을 위해 존재하지 않으며 남편도 아내를 위해 존재하지 않는다. 아내나 남편 모두 자신을 위해 존재할 뿐이다. 인간은 자신을 위해 존재한다. 그것이 인간의 의미이다. 상대를 물건으로 전락시키지 않고 엄연한 인간으로 대할 때 그대는 서서히 상대를 느끼기 시작한다. 상대를 인간으로 대하지 않으면 상대를 느낄 수 없다. 상대를 느끼지 못하는 관계는 지적이요, 관념적이다. 가슴과 가슴의 관계가 아니라 머리와 머리가 만나는 관계다.

오늘 보는 명상 기법은 다음과 같다.

상대의 의식을 자신의 의식으로 느껴라.

이는 어려울 것이다. 먼저 상대를 한 인간으로, 의식의 존재로 느껴야 하기 때문이다. 사실 그것마저도 쉽지 않을 것이다.

예수는 말한다. "네 자신을 사랑하는 것과 같이 이웃을 사랑하라." 이 역시 같은 이야기다. 상대를 한 사람으로 인식해야 한다. 상대는 스스로를 위해 존재하지 이용당하기 위해 존재하지 않음을 알아야 한다. 상대를 수단이 아니라 목적으로 인식해야 한다. 그러므로 **먼저 상대를 사람으로 느껴야 한다. 그대만큼이나 소중한 '당신'이 되어야 한다. 먼저 그렇게 했을 때 이 기법의 수련을 시작할 수 있다.**

상대의 의식을 자신의 의식으로 느껴라.

먼저 상대가 의식의 존재임을 느껴라. 그래야 이 기법의 수련을 시작할 수 있다. 상대도 그대와 같은 의식의 소유자임을 느낄 수 있을 때 '상대'는 사라지고 그대와 상대 사이에 의식이 흐른다. 그대와 상대는 '의식 흐름'의 양극이 된다.

깊은 사랑 속에서 두 사람은 더는 둘이 아니다. 둘 사이에 뭔가 일어난다. 둘은 양극이 되고 양극 사이에 뭔가 흐른다. 이때 더없는 행복을 느낀다. 사랑이 더없는 행복을 주는 것은 두 사람의 에고가 사라지기 때문이다. 어느 순간 상대가 사라지고 서로 하나가 된다. 이때 희열과 더없는 행복을 느끼며 천국으로 들어간다. 이렇게 변형은 단한 순간에 일어날 수 있다.

이 명상법은 모든 사람을 대상으로 상대의 의식을 자신의 의식으로 느끼라고 한다. 사랑 속에서는 한 사람을 대상으로 하며 명상 속에서는 모든 사람을 대상으로 한다. 어떤 사람을 만나든 상대 속으로 녹아들어 상대와 하나가 된다. 그러면 게슈탈트Gestalt, 완전한 구조와 내용을 지닌 통합된 전체로서의 형상과 상태_역주가 변한다. 이를 경험하고 터득하면 상대와 하나가 되는 게 쉬워진다. 처음에는 상대와 하나가 되는 게 불가능해 보인다. 우리는 자신의 에고 안에 갇혀 살기 때문이다. 자신의 에고를 놓고 상대 속으로 녹아들기가 어렵다. 따라서 처음에는 두렵지 않은 것에서부터 시작하는 것이 좋다.

먼저 이 명상법을 나무와 해보라. 더욱 쉬울 것이다. 나무 옆에 앉아 나무를 느껴 보라. 나무와 대화를 하고 소통을 하고 나무와 하나가 된다고 생각해 보라. 혹은 강가에 앉아 강물의 흐름을 느껴 보라. 강과 그대가 하나가 되는 것을 느껴 보라. 초원 위에 누워서 하늘을 보라. 그리고 그대와 하늘이 하나가 된다고 생각해 보라. 처음에는 상상으로 시작한다. 그러다 보면 서서히 하늘과 하나 되는 느낌이 찾아온다.

이렇게 한 다음 이 명상법을 사람과 해본다. 처음에는 두려움 때문에 힘들 것이다. 그대는 사람을 물건처럼 대해 왔다. 마음의 문을 열면 상대가 자신을 물건처럼 대할까 봐 두렵다. 그래서 타인을 가슴 깊숙이 받아들이지 않는다. 항상 거리를 두고 상대한다. 자신을 보호하기 위해서 말이다. **너무 가까워지는 건 위험하다. 타인이 나를 물건으로 대하고 결국에는 소유할까 봐 두렵다.** 누구도 물건이나 수단이 되는 걸 원치 않는다. 상대에게 이용당하는 걸 원치 않는다. 상대를 물건처럼 이용하고 소유하는 것은 가장 저질인 짓이다. 인간성이 상실되기 때문이다. 그런데도 사람들은 상대를 소유하려 든다. 그래서 사람들의 마음속 깊은 곳에는 두려움이 있다. 따라서 처음부터 이 명상법을 사람과 실행하는 것은 어렵다.

그러므로 먼저 강이나 산, 별, 하늘, 나무 등과 시작하라. 나무와 하나 되고 강과 하나 되는 느낌과 그 더없는 행복을 알게 된 후, 이는 자신을 잃는 일이 아니라 전 존재계를 얻는 일임을 알게 된 후, 사람들을 대상으로 이 명상법을 실행하라. 나무나 강과 하나 되는 일이 더없는 행복이 넘치는 일임을 깨달으면 다른 사람과 하나 되는 일은 상상할 수 없을 정도로 더없는 행복이 넘치는 일이 된다. 인간은 더욱 차원 높은 존재요, 고도로 진화된 존재이기 때문이다. 다른 사람과 함께 그대는 더욱 높은 정상에 도달할 수 있다. 바위와 하나 되어 엑스터시를 체험할 수 있다면 다른 사람과 하나 되어서는 신의 엑스터시를 체험할 수 있다.

하지만 먼저 두렵지 않은 대상과 시작하라. 혹은 사랑하는 친구나 연인과 시작하라. 그대를 물건으로 취급하지 않는, 친하고 가까운 사람들과 시작하라. 의식적으로 그대 자신을 놓고 상대에게 녹아들어라. 그러면 상대도 자신을 놓고 그대에게 녹아들 것이다. 그대가 가슴의 문을 열고 상대에게 녹아들어 가고 상대 역시 그대에게 녹아들어 오면 깊디깊은 교류와 소통이 일어난다. 두 개의 에너지가 서로에게 녹아든다. 그 상태에서 에고도 사라지고 개별성도 사라지고 의식만 남는다. 이것이 한 사람과 가능해지면 전 우주와도 가능해질 수 있다. 성자들이 엑스터시, 혹은 사마디Samadhi, 삼매(三昧), 즉 깨달음을 뜻하는 산스크리트어_역주라 한 것은 개인과 전 우주의 깊디깊은 사랑과 다름없다.

상대의 의식을 자신의 의식으로 느껴라. 자신에 대한 관심을 밀어 놓고 상대의 존재가 되어라.

나무가 되어라. 강이 되어라. 아내가 되어라. 남편이 되어라. 아이가 되어라. 어머니가 되어라. 친구가 되어라. 살면서 매 순간 이를 수련하라. 물론 처음에는 쉽지 않을 것이다. 그러므로 처음에는 매일 한 시간씩 이 명상법을 수련하라. 주변에서 눈에 띄는 대상이 되어 보라. 그대는 어떻게 이 명상법이 가능할까 궁금할 것이다. 어떻게 가능한지는 직접 수련을 해봐야 한다.

나무 옆에 앉아라. 그리고 자신이 나무가 된다고 느껴 보라. 바람이 불어오고 나무가 춤을 추기 시작하면 나무의 떨림을 느껴 보라. 태양이 떠오르고 나무가 깨어나기 시작하면 나무의 생동감을 느껴 보라. 한줄기 소나기가 쏟아지고 나무의 오랜 갈증이 해소될 때, 나무가 더없이 행복해할 때 그 미묘한 느낌과 기분을 느껴 보라.

그대는 같은 나무를 여러 해 동안 보아 왔어도 나무의 기분을 모른다. 나무는 어떤 때 행복하고, 어떤 때 불행하다. 어떤 때는 슬프다. 또 어떤 때는 걱정하고 좌절한다. 또 어떤 때는 더없는 행복과 환희에 젖는다. 이렇게 나무도 기분을 느낀다. 나무도 살아 있는 것이다. 나무와 하나가 되면 나무의 그런 기분들을 느낄 수 있다. 나무가 젊은지 늙은지, 삶에 만족을 하는지 안 하는지, 존재계와 사랑에 빠졌는지 아닌지 알 수 있다. 반항하고 분노하는지, 폭력적인지, 사랑스러운지 알 수 있다. 그대가 나무와 깊이 교감을 하면 나무도 그대의 기분 변화를 감지한다.

교감이란 상대와 같이 느낌으로써 서로 하나 되는 상태를 말한다. 나무의 기분이 그대의 기분이 된다. 이런 상태가 깊어지고 깊어지면 그대는 나무와 이야기할 수 있다. 서로 소통할 수 있다. 나무의 기분을 알면 나무의 언어를 이해한다. 그러면 나무는 자신의 마음을 이야기하고 자신의 고통과 행복을 이야기한다.

이런 교감은 온 우주를 상대로 일어날 수 있다. 매일 적어도 한 시간씩 어떤 대상을 정하여 대상과 교감하는 명상을 하라. 처음에는 어색하다. '내가 지금 뭘 하고 있는 거지?' 주위를 둘러보기도 한다. '만약 누가 보기라도 한다면 나를 미쳤다고 생각할 거야.' 하지만 처음에만 그렇다. 일단 교감의 세계 속으로 들어가면 그대의 눈에는 온 세상이 미친 것으로 보인다. 너무나 많은 걸 놓치고 있는 세상 사람들의 모습이 보인다. 삶은 넘치도록 주지만 사람들은 아무것도 받지 못한다. 마음의 문이 닫혀 있기 때문이다. 사람들은 생명이 자기 안으로 들어오는 것을 허용하지 않는다. 그대가 수많은 차원과 길을 통해 생명 속으로 들어갈 때 생명이 그대 안으로 들어올 수 있다.

기도란 우주와 같이 호흡하고 우주와 깊이 소통하는 것이다. 이것이 각종 종교가 제시하는 기도의 참뜻이다. 그대는 기도를 하면서 신에게 말을 한다. 때론 신에게 화를 내기도 하고, 때론 감사하기도 하지만 그대는 변함없이 신과 소통한다. 기도란 관념의 신에 대한 믿음이 아니라, 신과 그대 사이에 벌어지는 깊고 내밀한 관계이다. 이것이 기도의 참뜻이다.

하지만 **우리의 기도는 병들어 있다. 다른 존재들과 소통하는 법을 잊어버렸기 때문이다. 다른 존재들과 소통할 줄 모르면 대존재와도 소통할 수 없다. 불가능하다.** 나무와도 소통하지 못하면서 어떻게 전 존재계와 소통을 한단 말인가? 나무와 이야기하는 게 어색하다면 신과 이야기하는 건 말할 필요도 없다.

매일 한 시간씩 내어서 기도하라. 이 기도는 말로 하는 게 아니라 느낌으로 하는 것이다. 머리로 말하기보다는 가슴으로 느끼는 것이다. 나무를 만지고 껴안고 입맞춤을 해보아라. 사랑하는 연인과 함께 있는 것처럼 눈을 감고 나무와 함께 있으라. 나무를 느껴 보라. 머지 않아 '자신을 옆으로 제쳐 두고 상대가 되는' 것의 의미를 깊이 이해할 수 있으리라.

상대의 의식을 자신의 의식으로 느껴라. 자신에 대한 관심을 밀어 놓고 상대의 존재가 되어라.

친밀함으로 가는 길

그냥 바라보라. 어떻게 바라볼까 생각하지 마라. 틀도 버리고 편견도 버리고 생각이나 철학, 종교도 버리고 맑은 눈으로 바라보라. 어린아이의 눈으로 존재계를 바라보라. 그러면 갑자기 답이 보일 것이다.

사람들은 지식을 과시하기 위해 질문을 한다. 답을 구하고 싶은 게 아니라 지식을 자랑하고 싶은 것이다. 하지만 나는 이해하기 힘든 사람이다. 나는 그대의 지식에서 나오는 질문에 답하지 않는다. 그런 질문은 그냥 무시해 버린다. 나는 그대의 상처를 들춰낼 수 있는 질문에만 답을 한다. 일단 상처가 드러나야만 치유할 수 있기 때문이다. 그대가 자신을 있는 그대로 드러낼 때 변형의 길이 열린다. 자신의 참모습을 드러내지 않으면 삶의 변화나 의식의 변형은 불가능하다.

질의응답

왜 매력적인 사람이 두렵게 느껴집니까?

매력적인 사람이 두렵게 느껴지는 데는 여러 가지 이유가 있다. 상대가 그대에게 매력적으로 보일수록 그대가 상대에게 얽매일 가능성은 커진다. 그대는 이를 두려워한다. 그대가 상대에게 사로잡히면 상대에게서 나오는 매력과 마력의 노예가 된다.

매력적인 사람은 타인을 끌어당길 뿐만 아니라 타인을 두렵게 만든다. 매력적인 사람은 아름답다. 그래서 그대는 가까워지고 싶어 한다. 그러나 가까워짐은 자유의 상실을 의미한다. 자아의 상실을 의미한다. 상대의 매력으로 인해 상대를 떠날 수 없게 된다. 결국 집착하게 되는 것이다. 상대가 매력적일수록 그대의 집착은 커진다. 그대는 이런 자신의 경향을 잘 안다. 집착이 커지면 그대는 더욱 의존적으로 변한다. 이것이 그대의 두려움이다.

아무도 의존적인 사람이 되고 싶어 하지 않는다. 자유가 가장 소중한 가치이기 때문이다. 사랑조차도 자유보다 고귀하지 않다. 자유가 가장 소중한 가치요, 사랑은 그다음이다. 사랑과 자유는 끊임없이 마찰한다. 사랑은 자유보다 소중한 가치가 되려고 한다. 하지만 사랑은 가장 소중한 가치가 될 수 없다. 사랑은 자유를 파괴하려고 든다. 자유를 파괴해야 사랑이 가장 소중한 가치가 될 수 있기 때문이다. 그래서 자유를 사랑하는 사람은 사랑을 두려워한다.

사랑은 매력적인 사람에게 이끌리는 것을 말한다. 상대가 아름다울수록 그대는 상대에게 더 많이 이끌린다. 그래서 더 많이 두려워한다. 빠져나오기 쉽지 않은 것 속으로 들어가기 때문이다. 평범한 사람이나 못생긴 사람에게서 빠져나오는 일은 쉽다. 상대가 추한 사람이면 아무런 구속도 느끼지 않는다. 그런 사람에게는 빠져들 필요가 없기 때문이다.

물라 나스루딘이 마을에서 가장 못생긴 여자와 결혼을 했다. 사람들은 이 사실을 믿을 수 없었다.

그래서 사람들이 물었다.

"나스루딘, 어떻게 된 일이에요?"

그러자 나스루딘이 이렇게 대답했다.

"거기에도 나름의 논리가 있어요. 언제든지 내가 달아날 수 있는 여자는 이 여자밖에 없어요. 사실 달아나지 않는 일이 어렵지요. 마을에서 믿을 수 있는 여자는 이 여자밖에 없어요. 아름다운 여자들은 믿음이 가지 않아요. 많은 사람이 아름다운 여자를 탐하니까 아름다운 여자는 다른 사람과 쉽게 사랑에 빠진단 말이에요. 하지만 이 여자는 진짜 믿을 수 있어요. 항상 보면 내게 진실하거든요. 내 아내가 어떻게 될까 봐 걱정할 필요가 전혀 없어요. 오랫동안 나가 있어도 아무런 걱정이 없어요. 언제나 내 여자로 살 겁니다."

인간 심리의 본질을 보라. 상대가 못생겼으면 그대는 상대를 소유할 수 있다. 상대는 그대에게 의존한다. 하지만 상대가 아름다운 사람이라면 상대가 그대를 소유할 것이다. 아름다움은 힘이다. 그것도 대단한 힘이다.

못생긴 사람은 종이 되고 하인이 된다. 못생긴 사람은 자신에게 없는 아름다움을 벌충하기 위해 모든 일을 한다. 그러므로 못생긴 여자는 아름다운 여자보다 아내 노릇을 잘한다. 그럴 수밖에 없다. 남편을 더욱 세심하게 보살핀다. 그런 아내는 아름다움을 벌충할 수 있는 일들을 한다. 남편에게는 아주 상냥하게 대한다. 바가지 같은 것은 절대로 긁지 않는다. 싸움을 걸지도 않고 말다툼을 하지도 않는다. 자신이 그럴 만한 자격이 못 된다는 것을 잘 알기 때문이다.

그러나 아름다운 사람은 위험하다. 얼마든지 싸움을 걸어올 수 있다. 이것이 아름다운 사람이 두려운 이유다.

그대는 이렇게 물었다.

"왜 매력적인 사람이 두렵게 느껴집니까?"

매력적인 사람은 두렵게 느껴진다. 왜 그런지 그 이유를 분명하게 인식하지 못하면 두려움에서 벗어나기 힘들다. 매력과 두려움은 같은 현상의 양면이다. 그대는 항상 두려움을 느끼는 사람에게 매력을 느낀다. 두려움이란 그대가 상대에게 중요한 사람이 되지 못할지도 모른다는 데서 온다.

사람들은 불가능한 것을 원한다. 여자들은 세상에서 가장 잘생기고 능력 있는 남자를 원한다. 그런 남자가 자신에게 관심을 가져 주기를 바란다. 이는 불가능한 바람이다. 가장 잘생기고 능력 있는 남자라면 많은 여자들에게 관심을 갖기 마련이다. 남자들도 세상에서 가장 아름다운 여자를 갖고 싶어 한다. 그런 여자가 자신에게 헌신적인 사랑을 해주길 바란다. 이 역시 불가능한 일이다. 있을 수 없는 일이다.

어떤 여자가 그대에게 매우 아름답게 보인다면 이는 그대가 별로 잘생기지 못했다는 방증이다. 이를 잘 기억하라. '상대 여성이 대단히 아름답게 보이는데 나는 상대에게 어떻게 보일까?' 그대는 이를 두려워한다. 그대는 상대에게 잘생긴 남자로 보이지 않을 것이다. '나를 거부할지 모른다.' 그래서 두렵다. 거기에서 모든 문제가 나온다. 사실 모든 문제는 그대의 사랑이 사랑이 아니라 게임이라는 사실에서 비롯된다. 그대의 사랑이 참되다면 그대는 미래를 생각하지 않는다. 미래는 문제가 되지 않는다. '내일'이라는 시제는 참된 사랑에게 존재하지 않는다. 시간은 참된 사랑에게 존재하지 않는다.

사랑은 그냥 사랑일 뿐이다. 누가 내일 일을 신경 쓴단 말인가? 오늘이 너무 풍요롭다. 이 순간이 영원이다. 내일 일은 내일이 알아서 할 것이다. 사실 내일이란 존재하지 않는다. 그러므로 참된 사랑이 아는 것은 현재뿐이다.

참된 것은 무엇이나 각성에서 나오고 현재에서 나오며 명상에서 나온다. 이를 항상 명심하라. 그러면 문제는 사라질 것이다! 매력의 문제도 사라질 것이고 두려움의 문제도 사라질 것이다.

참된 사랑은 나눈다. 상대를 이용하지 않고 상대를 소유하지도 않는다. 상대를 소유하고 싶어 할 때 문제가 생긴다. 상대도 그대를 소유하고 싶어 할지 모른다. 상대가 그대보다 더 능력이 있고 매력적이라면 그대는 상대의 노예가 된다. 두려움은 그대가 상대를 소유하려고 들 때 찾아온다. 상대를 소유하려는 마음이 없으면 상대가 나를 소유할지 모른다는 두려움이 생기지 않는다. 사랑은 결코 소유하는 게 아니다.

사랑은 소유하지도 않고 소유 당하지도 않는다. 진실한 사랑은 그대를 자유의 길로 인도한다. 자유가 최고요, 궁극이다. 사랑은 자유 다음에 온다. 참된 사랑은 자유를 구속하지 않는다. 참된 사랑은 자유로 가는 징검다리 역할을 한다. '사랑은 자유로 가는 징검다리로 사용해야 한다.' 이 점을 밝은 눈으로 보라. 그대가 참으로 사랑하면 상대를 자유롭게 한다. 그대가 상대를 자유롭게 할 때 상대도 그대를 자유롭게 할 것이다.

사랑은 나눔이지 이용이 아니다. 사랑은 추함과 아름다움을 절대로 생각하지 않는다. 놀랍게도 이는 사실이다. 사랑은 실행하고 비추고 명상한다. 사랑은 결코 '생각'하지 않는다. 그렇다! 어떤 때 그대는 누군가와 파장이 맞는다. 예기치 않게 모든 것이 조화롭게 흐른다. 사랑은 추함과 아름다움의 문제가 아니라 조화와 리듬의 문제인 것이다.

일전에 어떤 사람이 "모든 남자에게는 이 지구상 어딘가에 자신에게 꼭 맞는 여자가 있으며, 모든 여자에게는 자신에게 꼭 맞는 남자가 있다."라는 구르지예프의 말에 대해 물었다. 모든 양陽에는 거기에 딱 맞는 음陰이 있고, 모든 음에는 거기에 딱 맞는 양이 있는 법이다. 자신에게 맞는 상대를 찾으면 곧바로 모든 것은 조화롭게 흘러간다. 그대와 상대의 중심은 조화롭게 기능한다. 바로 이것이 사랑이다. 참된 사랑은 아주 드물게 일어난다. 정말로 딱 맞는 커플을 찾기란 하늘에서 별 따기와 같다. 우리 사회의 온갖 터부와 금기들 때문에 자신에게 맞는 짝과 벗을 찾는 일은 거의 불가능하다.

동양의 신화에 아름다운 이야기가 있다. 세상이 창조되었을 때 아이들은 홀로 태어나는 게 아니라 항상 짝으로 태어났다. 같은 어머니에게서 여자아이와 남자아이가 짝으로 태어났다. 이런 쌍둥이들은 서로 완벽하게 맞는 짝이었다. 그들은 모든 면에서 파장이 맞았다. 그러다가 인간이 타락하게 되었다. 원죄 같은 것으로 말이다. 그래서 타락에 대한 대가로 인간은 더는 짝으로 태어나지 못하게 되었다. 하지만 아직도 인간은 짝으로 태어난다! 구르지예프의 말이 맞다. 내가 관찰해 본 바로도 그렇다. 모든 인간에게는 어딘가에 소울 메이트가 있다. 소울 메이트를 찾기란 대단히 어렵다. 그대가 백인인데 상대는 흑인일 수 있기 때문이다. 그대가 힌두교인인데 상대는 이슬람교인일 수 있기 때문이다. 그대가 중국인인데 상대는 독일인일 수 있기 때문이다.

더 나은 세상에서 사람들은 소울 메이트를 찾을 것이다. 자신과 꼭 맞는 사람을 찾지 못하면 불안하고 고통스러울 것이다. 그대는 혼자일 때 고통스러워한다. 상대가 자신과 전혀 맞지 않거나 한시적으로 맞아도 고통스러워한다. 우리에게는 맞는 사람이 있고 맞지 않는 사람이 있다. 이는 과학적으로 검증된 사실이다. 그러므로 그대는 상대를 과학적으로 찾아낼 수 있다. 그대의 출생 기록과 리듬, 성향을 말해 주면 된다. 꼭 맞는 상대를 얼마든지 찾아낼 수 있다. 세상은 그리 넓지 않기 때문에 상대를 찾아내면……. 이는 추함과 아름다움의 문제가 아니다.

사실 세상에는 추한 사람도 없고 아름다운 사람도 없다. 신에게 맞는 사람이 있다. 추한 사람도 자신에게 맞는 상대에게는 아름답게 보인다. 아름다움이란 조화로움이 밖으로 드러난 모습이다. 그대가 먼저 아름다운 사람을 찾아낸 다음에 상대와 사랑에 빠지는 게 아니다.

사실은 그 반대다. 먼저 그대가 상대와 사랑에 빠졌기 때문에 상대가 아름다워 보이는 것이다. '아름다움'을 생각하게 만드는 것이 사랑이지, 사랑을 생각하게 만드는 것이 아름다움은 아니다. 여하튼 그대와 완전히 들어맞는 사람을 찾는 것은 대단히 힘들다.

복 받은 커플은 삶을 노래한다. 그들의 몸은 비록 두 개이나 영혼은 하나다. 그런 커플이 참다운 커플이다. 그런 커플들을 보면 심오한 아름다움과 음악이 자연스럽게 우러나온다. 거대한 오라, 아름다운 빛과 침묵이 퍼져 나온다. 이런 사랑은 자연스럽게 명상 속으로 들어간다.

사람들은 가능하면 많은 사람을 만나고 어울릴 수 있어야 한다. 서둘러서 결혼해서는 안 된다. 서두르면 위험하다. 결혼 생활이 불행의 연속이 될 수도 있고 이혼으로 끝날 수도 있다. 우리는 아이들이 서로 사귈 수 있도록 배려해야 한다. 케케묵은 터부와 금기는 폐기해야 한다. 터부와 금기는 새로운 시대와 맞지 않는 것들이다.

우리는 지금 첨단 시대에 살고 있다. 인간은 성숙했다. 그러므로 잘못된 것들은 바꾸어야 한다. 옛날 유물들은 그 시대에 필요한 것들이었다. 하지만 이제는 더는 필요하지 않다. 이제 우리는 자유롭게 이성을 사귈 수 있는 시대에 살고 있다. 그러므로 쫓기듯이 결혼에 내몰릴 필요가 없다. 많은 이성을 사귀어 봐야 자신에게 맞는 사람이 누구고 맞지 않는 사람이 누구인지 알 수 있다. 이는 코가 기냐, 얼굴이 곱상하냐의 문제가 아니다. 어떤 사람은 얼굴이 곱상해서 매력적으로 보일 수도 있고, 또 어떤 사람은 눈이 크고 예뻐서 매력적으로 보일 수도 있으며, 다른 어떤 사람은 머리 색깔이……. 하지만 이런 건 문제가 안 된다. 결혼하고 이틀이 지나면 머리 색깔을 보지 않고, 3일이 지나면 코의 길이를 보지 않으며, 3주가 지나면 상대의 용모를 완전히 잊어버린다. 그러고 나서 진짜 문제가 시작된다. '영적인 조화'가 진짜 문제다.

지금까지 결혼은 아주 추한 일이었다. 사제들은 결혼을 장려했다. 사실 결혼을 발명한 사람들은 다름 아닌 사제들이었다. 전 세계적으로 모든 사제가 5천 년 동안이나 결혼이란 추한 제도를 고수해 온 데는 이유가 있다. 그 이유는 사람들이 결혼해서 불행해지면 교회에 가고 사원에 가기 때문이다. 사람들은 불행할 때 세상을 등진다. 불행할 때 사제들의 손에 놀아난다! 행복한 사람들은 사제들을 신경 쓰지 않는다. 당연한 이야기다. 이는 건강할 때 의사를 찾지 않는 이치와 같다. 정신이 온전한 사람은 정신과 의사를 찾지 않는다. 이처럼 영적으로 건강한 사람은 사제를 찾지 않는다.

인간의 영적인 조화가 깨진 것은 결혼 제도 때문이다. 이 땅에 지옥을 만든 사람들은 다름 아닌 사제들이다. 그것이 사제들의 일급 비밀이었다. 지옥 속에서 살 때 사람들은 사제를 찾아가 조언을 구한다. 삶이 너무 고통스럽다! 그럴 때 사제는 그런 삶에서 벗어날 수 있는 길을 제시한다. 다시 태어나지 않을 수 있는 길, 생사윤회의 수레바퀴에서 벗어날 수 있는 길을 제시한다. 사제들은 먼저 삶을 지옥으로 만들어 놓고, 그런 다음에 그 지옥에서 벗어나는 방법을 판다.

나의 길은 정반대다. 나는 지금 여기에 아무것도 버릴 필요가 없는, 그런 천국을 만들고 싶다. 생사를 버리려고 할 필요가 없다. 구식의 종교를 버리려고 할 필요도 없다. 더 많은 음악과 시, 예술이 필요하다. 더 많은 신비주의가 필요하다. 더 많은 과학이 필요하다. 그러면 기존의 종교와는 완전히 다른 새로운 종교가 태어날 것이다. 반생명적인 사상을 가르치는 게 아니라, 더욱 조화롭고 예술적이고 민감하며 자기 중심에 뿌리를 내리고 이 땅에 뿌리를 내리는 데 도움이 되는 종교가 태어날 것이다. 삶의 예술과 삶의 철학을 가르치고 축제를 가르치는 종교가 태어날 것이다.

그대는 왜 매력적인 사람이 두렵게 느껴지느냐고 물었다. 그대는 자신의 진정한 짝을 의식 깊은 곳에서 찾고 있기 때문이다. 진정한 짝이 아닌 사람과의 관계 속으로 휘말려 들지 않고 싶기 때문이다. 그러나 여러 사람을 직접 사귀어 보지 않으면 진정한 짝을 찾을 수 없다. 그대가 진정으로 님을 찾고 싶다면 많은 사람을 사귀어야 한다. 그것만이 관계를 배울 수 있는 유일한 길이다. 먼저 두려움을 내려놓고…….

아름다운 사람들이 두려워 못생긴 사람들만 사귀어서는 그대의 진정한 짝을 찾을 수 없다.

코헨 부부가 아파트를 임대하기 위해 여기저기 돌아다니고 있었다. 코헨 씨가 그들의 구미에 딱 맞는 아파트를 찾아냈다.

그런데 코헨 부인이 이의를 제기하고 나섰다.

"이 아파트는 별로 안 좋아요."

"무슨 말이야? 이 아파트가 마음에 안 든다고? 세면대도 좋고, 조명도 이만하면 괜찮고, 배관도 좋은 것 같고, 온수도 잘 나오고. 뭐가 문제란 말이야?"

"당신이 말한 건 모두 알아요. 근데 욕실에 커튼이 없잖아요. 샤워를 하면 이웃들이 다 본단 말이에요."

"이웃들이 당신을 보게 되면 이웃들이 먼저 나서서 커튼을 사려고 할걸."

추함에도 나름의 용도가 있다. 하지만 추한 사람만 사귀면 그대는 만족하지 못한다. 아름다운 사람들을 두려워한다는 것은 진짜 깊고 친밀한 관계를 두려워하는 것임을 알아야 한다. 상대와 일정한 거리를 원하고 있음을, 그래서 언제든 달아나고 싶을 때 달아날 수 있는 관계를 원하고 있음을 알아야 한다. 이는 진정한 짝을 찾을 수 있는 길이 아니다. 사랑의 비밀을 알 수 있는 길도 아니다. 먼저 그대는 무장武裝을 해제하고 가슴의 문을 활짝 열어야 한다.

두려우면 두려운 대로 받아들여라. 그 속으로 들어가라. 그러면 두려움이 사라진다. 두려움에서 벗어나는 길은 자신이 두려워하는 대상 속으로 깊이 들어가는 것이다.

어떤 사람이 내게 와서 어둠이 무섭다고 하면 나는 언제나 이렇게 말해 준다.

"어둠에 대한 두려움을 극복하는 길은 밤에 집 밖 나무 아래 홀로 앉아 어두운 밤 속으로 깊이 들어가 보는 것뿐이오. 떨리고 식은땀이 나면 나는 대로 놔두시오. 그냥 계속 거기 앉아 있으시오. 얼마나 계속 떨 수 있다고 생각하시오? 서서히 잦아들 것이오. 쿵쾅대던 가슴이 정상으로 돌아올 것이오. 그러면 어둠이 그렇게 무서운 것이 아님을 알 수 있을 것이오. 어둠만이 지닌 아름다움을 서서히 인식하게 되고 그 깊이와 침묵, 부드러운 촉감, 정적, 음악, 곤충들, 조화를 볼 수 있게 될 것이오. 그러면 서서히 두려움이 사라지면서 어둠이 꼭 어둡지만은 않고 나름의 밝음이 있음을 보게 될 것이오. 그리고 희미한 무언가를 보기 시작할 것이오. 밝음에는 깊이가 없소. 하지만 어둠에는 깊이와 그 신비가 있소. 빛은 어둠만큼 신비하지 않소. 빛이 산문이라면 어둠은 운문이오. 빛은 벌거벗고 있소. 벌거벗은 것에 대한 관심이 얼마나 가겠소? 하지만 어둠은 베일에 싸여 있소. 그래서 그 베일을 벗겨 보려는 흥미와 관심을 유발하오."

어둠을 두려워하는 사람은 어둠으로 들어가라. 사랑을 두려워하는 사람은 사랑 속으로 들어가라. 홀로 있는 걸 무서워하는 사람은 히말라야로 가서 홀로 있어 보라. 그것만이 두려움을 극복할 수 있는 유일한 길이다. 때로 뭔가를 의식적으로 하면 각성이 깊어진다.

한 번은 한 젊은이가 내게 왔다. 그는 대학에서 교편을 잡고 있었다. 그는 여자처럼 걸었다. 그것이 그의 문제였다. 대학교수가 여자처럼 걷는 건 문제가 아닐 수 없었다. 그는 매우 곤혹스러워했다. 그래서 걸음걸이를 고치기 위해 온갖 수단 방법을 가리지 않고 해보았다고 했다.

내가 말했다.

"이렇게 해보시오. 남자가 여자처럼 걷는다는 건 정말 불가능한 일인데, 그건 기적이요! 여자처럼 걸으려면 배 안에 자궁이 있어야 하오. 둥근 자궁 때문에 여자의 걸음걸이가 남자와 다른 것이오. 근본적으로 여자의 몸은 남자와 다르단 말이오. 그래서 남자가 여자처럼 걷는다는 건 불가능하오. 남자가 그런 불가능한 일을 해내다니 자랑해도 되겠소! 당신의 걸음새는 정말 기적이오! 어디 한번 보여주시오."

사내가 말했다.

"기적이라고요?"

내가 대답했다.

"어디 내 앞에서 여자처럼 걸어 보시오."

사내는 여자처럼 걸어 보려고 했지만 잘 되지 않았다.

내가 말했다.

"바로 이게 열쇠요. 자, 이제 대학으로 돌아가시오. 지금까지 당신은 여자처럼 걷지 않으려고 무던히 애를 썼소. 자, 이제부터는 여자처럼 걷기 위해 모든 노력을 기울여 보시오. 여자처럼 걷지 않으려는 노력 자체가 문제의 원인이었소. 그것이 강박 관념이 되고, 그런 강박 관념에 최면이 걸린 것이오. 당신은 스스로 자기 최면을 걸었소. 자기 최면에서 깨어나는 방법은 의식적으로 여자처럼 걸으려고 하는 것이오. 자, 어서 대학으로 돌아가시오. 캠퍼스를 돌아다니면서 가능한 한 모든 방법을 동원하여 여자처럼 걸으려고 애써 보시오."

그는 여자처럼 걸으려고 애써 보았지만, 여자처럼 걸을 수 없게 되었다.

아름다운 사람을 두려워하든, 타인이 배꼽 만지는 것을 두려워하든, 어둠을 두려워하든, 여자처럼 걷는 것을 두려워하든, 이것저것을 두려워하든……. 두려움은 그대의 존재를 병들게 한다. 그러므로 두려움을 용해溶解해야 한다. 이 점을 잘 명심하라.

두려움을 용해할 수 있는 유일한 길은 두려움 속으로 들어가는 것이다. 경험이 자유를 가져온다. 경험을 통해 배우고 두려움을 놓아라. 사람들과의 관계 속으로 들어가라. 그러면 모든 사람에게 자기만의 아름다움이 있음을 알게 된다. 아름다움의 차원은 서로 다를지 모르나, 아름다움 자체가 없는 사람은 없다. 어떤 사람은 얼굴이 아름답고, 어떤 사람은 목소리가 아름답고, 또 어떤 사람은 몸이 아름다우며, 어떤 사람은 마음이 아름답다. 이렇듯 아름다움이 전혀 없는 사람은 없다. 존재계는 모든 사람에게 자기만의 아름다움을 주었다. 따라서 이 세상에는 사람들의 수만큼이나 많은 아름다움이 있다.

인간의 아름다움을 체험할 수 있는 길은 다른 사람들과 사귀고 친해지는 일뿐이다. 두려움을 놓고 자기 방어벽을 치우는 일뿐이다. 그렇게 사귀다 보면 상대 속에서 각기 다르게 드러나는 신들을 체험할 수 있다. 신은 아름다움이다.

우리 동양에서는 신을 다음 세 단어로 표현한다. 진리를 뜻하는 사티암Satyam, 지고의 선善을 뜻하는 쉬밤Shivam, 지고의 미를 뜻하는 순드람Sundram, 이렇게 아름다움이 마지막에 온다. 신은 아름답기 때문이다. 아름다움이 있는 곳에 신이 있다. 아름다운 신의 모습을 두려워하면서 어떻게 진리와 소통할 수 있겠는가? 종국에는 진리와 소통할 수 있도록 아름다움 속에 드러난 신들을 배우라.

저는 왜 자의식을 느낍니까?

자유가 삶의 목적이다. 자유 없는 삶은 무의미하다. 이 자유는 정치적이거나 경제적, 사회적 자유를 뜻하지 않는다. 이 자유는 시간과 마음, 욕망을 벗어난 자유를 뜻한다. 마음이 사라지는 순간, 그대는 우주와 하나가 된다. 우주만큼이나 드넓은 존재가 된다.

마음이 그대와 실재 사이에서 장벽처럼 버티고 서 있다. 이 장벽 때문에 그대는 빛도 들어오지 않고 기쁨도 전혀 없는 어두운 방 안에 갇혀 산다. 원래의 인간은 그렇게 작은 공간에서 갇혀 지내는 존재가 아니었다. 하지만 그대는 고통 속에서 산다. 그대의 존재는 존재계의 근원까지 확장하고 싶어 한다. 바다와 같은 존재가 되고 싶어 한다. 하지만 그대는 이슬방울이 되길 선택했다. 이런 상황 속에서 어떻게 행복할 수 있겠는가? 어떻게 더없는 행복을 체험할 수 있겠는가? 인간은 마음이라는 감옥에 갇혀 살기 때문에 불행하다.

고타마 붓다는 탄하Tanha, 즉 욕망이 모든 고통의 뿌리라고 했다. 욕망이 마음을 만들어 낸다. 욕망은 미래를 만들어 내고 자신을 미래에 투사한다. 그리하여 미래가 들어오면 현재는 설 자리를 잃는다. 그대는 현재를 보지 못한다. 눈이 미래에 의해 흐려졌기 때문이다. 미래가 들어오면 과거라는 짐을 짊어지고 다녀야 한다. 왜냐하면 미래는 과거가 영양분을 공급해 주어야만 생존할 수 있기 때문이다.

모든 욕망은 과거에서 태어나 미래로 투사된다. 과거와 미래가 인간의 모든 마음을 구성하고 있다. 마음을 해부하고 분석해 보라. 거기에는 두 가지밖에 없을 것이다. 과거와 미래가 그것들이다. 현재는 티끌만큼도 없을 것이다. 현재만이 유일한 실체다. 현재만이 유일한 존재요, 춤이다.

현재는 마음이 완전히 멈췄을 때 존재한다. 더는 과거가 그대를 지배하지 않고 더는 미래가 그대를 좌지우지하지 않을 때, 과거의 기억과 미래의 상상에서 완전히 자유로워질 때 현재가 존재한다. 기억과 상상에서 자유로워질 때 그대는 어디 있는가? 그대는 누구인가? 그 순간 그대는 무無다. 무가 되면 아무도 그대에게 상처를 주지 못한다. 상처받을 에고가 없기 때문이다. 에고는 항상 상처받기를 원한다. 에고는 상처가 있어야만 존재할 수 있다. 에고의 존재는 고통과 불행에 전적으로 의존한다.

무가 되면 고통이 있을 수 없다. 걱정도 있을 수 없다. 대신에 침묵과 고요가 내려온다. 소음이 사라진다. 과거도 미래도 사라진다. 그 때문에 소음이 일어날 수 없다. 내면에서 들리는 침묵은 천상의 침묵이요, 신성의 침묵이다. 그대는 무심無心의 경지에서 영원한 찬미가 끊임없이 이어지는 것을 깨닫는다.

인간만 빼고 존재계는 모두 더없는 행복에 휩싸여 있다. 인간만이 더없는 행복에서 빠져나와 길을 헤맨다. 인간이 길을 잃고 헤매는 것은 의식이 있기 때문이다.

의식에는 두 가지가 있다. 첫째 의식은 순수 의식이다. 순수 의식은 그대 안에 빛을 가져온다. 그 빛은 너무나 밝아서 태양마저도 그 빛을 잃을 정도이다. 붓다는 "무심의 경지에 도달했을 때 내면에서 수천 개의 태양이 떠올랐다. 영원한 빛만 존재한다."라고 말했다. 그것은 순수하고 오염되지 않은 기쁨이다. 그것은 순전한 더없는 행복이다. 그것은 경이다. 그 장려함은 필설로 형용할 수 없다. 그 아름다움은 표현이 불가능하다. 그 더없는 행복은 결코 다함이 없다. 아에스 담모 사난타노 Aes dhammo sanantano, 붓다의 『법구경(法句經)』에 나오는 구절_역주. '궁극의 법칙이 그러하다'라는 말이다.

그대의 마음만 치우면 우주의 유희를 자각할 수 있다. 우주의 유희를 자각하면 그대는 에너지로 넘쳐흐른다. 이 에너지는 항상 '지금 여기'에 있다. 에너지는 결코 '지금 여기'를 떠나지 않는다. 그대가 순수 의식이 되는 것, 이것이 의식의 첫째 가능성이다.

둘째 의식이 그대가 느끼는 자의식이다. 자의식을 느낄 때 그대는 추락한다. 존재계와 분리된 개별자가 된다. 일정한 틀 속에 들어간 섬이 된다. 그 섬에 갇힌다. 섬은 일종의 감옥이다. 그 감옥은 어둡다. 완전히 어둡다. 빛이 없다. 빛이 있을 수 없다. 이 감옥이 그대를 마비시키고 불구로 만든다.

자의식은 속박이고 의식은 자유다. 자아를 놓고 의식이 되어라! 이것이 과거의 붓다, 현재의 붓다, 미래의 붓다의 가르침이다. 모든 붓다들의 가르침은 매우 간단하다. '자아를 놓아라. 에고를 놓아라. 마음을 놓아라. 그냥 존재가 되어라.'

침묵이 번지는 지금 이 순간 그대는 누구인가? 실재하지 않는 무다. 이름도 형상도 없다. 남자도 여자도 아니다. 힌두교인도 이슬람교인도 아니다. 이 나라 사람도 아니요, 저 나라 사람도 아니다. 몸도 아니요, 마음도 아니다.

그런 그대는 누구인가? 이 침묵 속에서 그대는 무엇을 맛보는가? 평화만이, 침묵만이……. 이 평화와 침묵 속에서 아무런 이유 없이 크나큰 기쁨이 솟아오른다. 이것이 그대의 자연스러운 본성이다.

마음만 한쪽으로 치우면 그대의 존재는 수천 가지 색채로 폭발한다. 마음을 한쪽으로 치우는 명상이 모든 종교의 비밀이다. 마음을 치우면 그대는 무지개가 되고 연꽃이 된다. 일천 장의 꽃잎으로 피어나는 연꽃이 된다. 자신도 모르게 그대는 활짝 열리고 존재계의 모든 아름다움이, 무한한 아름다움이 그대의 것이 된다. 밤하늘의 모든 별이 그대 안에서 떠오른다. 하늘조차도 그대의 존재를 전부 담지 못한다. 그야말로 무한한 존재가 된다.

침묵 속에서 그대는 녹아들고 존재와 하나 되어 사라진다. 그대가 없을 때 진정한 '그대'가 있다. 난생처음으로 존재의 맛을 본다. 그대가 없을 때 신이 있고 니르바나가 있고 깨달음이 있다. 그대가 없을 때 모든 것이 있다. 그대가 있을 때 모든 것이 없다.

인간은 자의식에 사로잡혀 있다. 그래서 길을 잃어버렸다. 그것이 인간의 원죄다. 종교들은 빠짐없이 원죄에 대해 이러저러한 식으로 언급을 한다. 그중에서 기독교의 이야기가 가장 훌륭하다. 기독교에서는 지식의 나무의 열매를 따 먹었기 때문에 인간이 타락하게 되었다고 한다. 지식의 나무의 열매를 먹어서 자의식이 생겼다는 것이다.

지식이 많아질수록 그대의 에고는 강해진다. 그러므로 학자와 펀디트Pundit, 인도 힌두교의 학자, 특히 경전 학자를 일컬음_역주, 몰비Maulvi, 인도 이슬람교의 율법 학자_역주 등의 에고는……. 그들은 에고를 위대한 지식과 경전, 사상 등으로 장식한다. 그들은 그대의 순수를 망가뜨린다. 어린아이와 같은 열림과 신뢰, 사랑, 유희 등을 망가뜨린다. 지식인이 되면 신뢰와 사랑, 유희, 경이 등은 모두 사라진다.

우리는 지식이 풍부한 사람이 되라고 배운다. 순수한 사람이 되고, 존재의 경이로움에 눈뜬 사람이 되라고는 배우지 않는다. 우리는 꽃 이름들을 배우지, 꽃과 더불어 춤추는 법을 배우지 않는다. 우리는 산 이름들을 배우지, 산과 소통하고 별과 소통하며 나무와 소통하는 법을 배우지 않는다. 존재계와 파장 맞추는 법을 배우지 않는다.

존재계와 조화를 이루지 못하고 어떻게 행복할 수 있는가? 존재계와 조화를 이루지 못하면 인간은 고통과 불행 속에서 살아야 한다. 전체계와 하나 되어 춤출 수 있을 때, 전체의 부분이 될 때, 이 거대한 오케스트라의 악기가 되었을 때 진정으로 행복할 수 있다. 그렇게 녹아들 때만 인간은 자유로운 존재가 될 수 있다.

<u>어떻게 하면 자신의 중심을 지킬 수 있습니까? 사람들과 같이 있으면 저의 중심을 잃어버리곤 합니다.</u>

사람들은 모두 비범해지기를 원한다. 특별한 사람, 독특한 사람, 비교될 수 없는 사람이 되려는 것이 에고의 바람이다. 특별한 사람이 되려고 노력할수록 그대는 더욱더 평범해진다. 사람들 모두가 비범함을 좇기 때문이다. 이는 하나의 역설이다. 비범해지고자 하는 것은 너무나 평범한 바람이다. 그대는 평범해지고자 할 때 비범해질 수 있다. 무명인이 되고 텅 빈 사람이 되려는 사람이 드물기 때문이다.

아무도 평범해지려 하지 않는다. 그러므로 평범해지려 하는 것은 참으로 비범하다. 그대는 평범해질 때 비범해진다. 비범함을 따로 찾지 않아도 어느 날 그대는 문득 특별한 존재가 되어 있는 자신을 발견한다.

사실 모든 사람이 독특하다. 단 한 순간만이라도 끊임없는 욕망의 추구를 멈추면 자신이 독특한 존재라는 사실을 깨달을 수 있다. 독특한 그대는 이미 거기 있었다. 항상 거기 있었다. 존재 자체가 독특하기 때문이다. 다른 존재의 길은 없다. 나뭇잎 하나하나가 모두 독특하다. 해변의 조약돌 하나하나가 모두 독특하다. 그 외에 다른 존재의 길은 없다. 지구 전체를 뒤진다 해도 똑같은 조약돌을 두 개 찾을 수 없다.

똑같은 두 개는 있을 수 없다. 그러므로 특별한 사람이 되려고 노력할 필요가 없다. 그냥 자신이 되어라. 그럴 때 어느 날 갑자기 누구와도 비교될 수 없는 독특한 자신을 발견할 것이다. 찾는 자는 찾지 못할 것이요, 찾지 않는 자는 찾을 것이다. 그래서 나는 이를 역설이라고 말한다.

하지만 말에 속지 마라. 다시 한번 말하겠다.

"비범해지려는 욕망은 대단히 평범하다. 모든 사람이 비범해지려고 하기 때문이다. 평범해지려는 바람은 대단히 비범하다. 그런 바람은 대단히 드물기 때문이다."

붓다와 노자, 예수가 그랬다. 독특한 사람이 되려는 바람은 모든 사람의 마음에 있다. 하지만 그런 바람이 성취된 적은 한 번도 없었다.

그대는 이미 독특한데 어떻게 더 독특해질 수 있단 말인가? 그대는 이미 독특한 사람이다. 독특한 자신은 만드는 게 아니라 다시 발견하는 것이다. 그대 안에 숨어 있기 때문이다. 안에 숨어 있는 독특함을 꺼내기만 하면 된다. 독특함은 갈고닦는 게 아니다. 그것은 내면에 숨겨진 보물이다. 언제나 거기 있었다. 그대의 존재 자체요, 존재의 중심이다. 그러므로 눈을 잡고 내면을 들여다보기만 하면 된다. 바쁜 일상에서 숨을 돌리며 내면을 들여다보라. 그대는 비범함을 성취하기 위해 너무 빨리 달린다. 너무 성급히 뛰어간다. 그렇게 해서는 결코 비범함을 성취할 수 없다.

노자의 출중한 제자였던 열자는 사람들이 손에 촛불을 놓고 불을 찾는다고 말했다. 그의 말을 들어보자.

"촛불을 든 사람이 불이 무엇인지 알았더라면 밥을 바로 지을 수 있었다. 그는 손에 촛불을 든 채 불을 찾고 또 찾았지만 찾을 수 없었기 때문에 밤새도록 쫄쫄 굶어야 했다."

그대는 손에 비범함을 들고서 비범함을 찾아다닌다. 이 사실을 이해하면 바로 밥을 지을 수 있다. 나는 내 밥을 지었다. 그래서 알고 있다. 그대는 쌀이 거기 있고 불이 거기 있는데 쓸데없이 쫄쫄 굶고 있다. 손에 촛불을 들고 불을 찾아 온 세상을 돌아다니면 결코 불을 찾을 수 없으리라. 불이 무엇인지 이해하지 못하기 때문이다. 불이 무엇인지 이해했더라면 자신의 손에 들린 촛불에서 불을 찾았을 것이다.

이런 일은 안경 쓰는 사람들에게도 가끔 일어난다. 얼굴에 안경을 끼고서도 안경이 어디 있는지 찾는 것이다. 마음이 급하면 그럴 수 있다. 급한 마음에 이미 안경을 끼고 있다는 사실을 잊는다. 마음이 다급해지면 안경이 어디 있는지 허둥지둥 찾는다. 그대도 살면서 이런 경험을 해보았을 것이다. 다급해지면서 시야가 흐려지면 바로 앞에 있는 것도 보지 못하는 수가 왕왕 있다.

그대는 바로 이런 상황 속에 있다. 그대는 이미 특별한 존재지만 특별한 사람이 되고자 허둥댄다. 지금 그대보다 더 특별한 사람이 될 수 있는 길은 없다. 사실 '더 특별하다'라는 말은 불합리하다. 특별함은 그 자체로 족한 것이다. 더 특별한 것은 있을 수 없다. 이는 '둥근 원 圓'이라는 말과 같다. '둥근 원'이면 그것으로 충분하다. '더 둥근 원'이라는 말은 성립될 수 없다. 원은 그 자체로 이미 완벽한 상태다. 더는 필요 없다. 원은 원이다. 그 자체로 완벽하다.

이처럼 독특함은 독특함이다. 더 독특하다거나 덜 독특하다는 말은 있을 수 없다. 그대는 이미 독특한 존재다. 우리는 평범해질 준비가 되어 있을 때라야 이런 사실을 깨닫는다. 이는 역설적인 진리다. 그대가 이 역설적인 진리를 이해하면 모든 문제가 사라진다. 그대가 이해하지 못할 때 이 역설은 문제가 된다. 이해할 때 이 역설은 아름다운 신비가 된다.

평범한 사람이 되어라. 그러면 그대는 비범해질 것이다. 비범해지려고 노력하는 한, 그대는 평범한 사람의 틀에서 벗어나지 못할 것이다.

주는 것은 무엇이고 받는 것은 무엇입니까? 이제 주고받음이 뭔지 조금은 이해할 것 같습니다. 그렇지만 받는 것은 죽음처럼 느껴집니다. 뭔가를 받는 일을 생각하면 마음속에서는 비상이 걸립니다. 도와주십시오! 존재계는 너무나 거대한 것 같습니다.

무슨 말인지 이해가 된다. 이는 모든 사람이 겪는 문제다. 이제라도 그런 자신의 모습을 발견했다니 다행스러운 일이다. 지금이 자신을 변화시킬 좋은 기회다. 그대와 같은 문제를 겪으면서도 자신의 문제를 깨닫지 못하는 사람들은 불행하다. 그들은 둔한 마음 때문에 변형의 기회를 놓치고 있다.

대담하게도 그대는 자신의 문제를 드러냈다. 참으로 기쁜 일이다. 다른 사람들도 이처럼 수치스러운 문제들을 드러낼 수 있기를 바란다.

조건화된 마음은 치부를 감추고 겉모양만 아름답게 보이려고 한다. 그런 사람은 정신이 분열된다. 그대는 거짓 모습을 보여주고 진짜 모습을 억압한다. 그래서 그대의 삶은 끊임없는 전쟁이 된다. 그대는 자신과 싸우고 있다. 이런 싸움은 그대를 망가뜨린다. 아무도 이런 싸움에서 승리할 수 없다.

내가 지금 왼손과 오른손이 싸우게 한다면 어느 손이 이길 것이라고 생각하는가? 어느 때는 왼손이 승리하게 할 수도 있고, 또 어느 때는 오른손이 승리하게 할 수도 있다. 하지만 어느 쪽도 진정한 승자가 될 수 없다. 양손 다 내 손이기 때문이다.

거의 모든 사람의 정신이 분열되어 있다. 사람들은 가짜 정신과 동일시하고 진짜 정신은 거부해 버린다. 이 점을 깨달아야 한다. 정신이 분열된 상황 속에서는 영적인 존재로 성장할 수 없다.

이 질문은 대단히 좋은 질문이다. 질문자는 "주는 것이 무엇입니까?"라고 물었다. 이 질문을 자신에게 해본 적이 있는가? 그대는 아이나 아내, 친구, 사회, 로터리 클럽, 라이온스 클럽 등에게 많은 것을 주었다고 생각한다. 아주 많은 것들을 주었다고 생각한다. 하지만 그대는 주는 것이 무엇인지 모른다.

자기 자신을 주지 않는다면 진정으로 주는 것이 아니다. 많은 돈을 줄 수도 있으나 돈은 그대가 아니다. 그대가 자신을 줄지 모른다면, 즉 사랑을 줄지 모른다면 그대는 주는 것을 모른다.

그리고 또 이렇게 물었다. "받는 것은 무엇입니까?" 거의 모든 사람이 받는 것이 무엇인지 안다고 생각한다. 그러나 여기 질문자는 받는 것에 대해 다시 생각하고 있다. 받는 것이 무엇인지 모르는 자신의 적나라한 모습을 드러내고 있다. 그대는 사랑을 받고 싶어 하지만 사랑받는 게 무엇인지 생각해 보지 않는다. 그대는 정말로 사랑을 받을 수 있는가? 아니다. 그대 안에서는 너무나 많은 것들이 사랑받는 것을 가로막고 있다.

먼저 그대는 자신을 존중하지 않는다. 그래서 실제로 사랑이 찾아오면 받을 자격이 없다고 생각한다. 그대의 마음은 너무나 혼란스럽기 때문에 간단한 사실조차 바로 보지 못한다. 자신을 있는 그대로 받아들이지도 못하면서, 자신을 진정으로 사랑하지도 않으면서 어떻게 타인의 사랑을 받을 수 있는가? 그대는 자신에게 사랑받을 자격이 없다고 생각한다. 이런 생각이 얼마나 어리석은지 깨닫고 싶어 하지 않는다. 그러면 그대는 어떻게 하는가? 그대는 간단히 사랑을 거절해 버린다. 거절하기 위해 여러 구실을 들이댄다.

가장 먼저 떠오르는 구실은 '그건 사랑이 아니야. 그건 내가 받아들일 수 있는 게 아니야.'라는 것이다. 누가 자신을 사랑할 수 있다는 사실을 믿지 못한다. 자신을 사랑하지도 못하고, 자신의 아름다움과 장점을 보지도 못하면서 "당신은 아름다워요. 당신의 눈에는 헤아릴 수 없는 깊이와 아름다움이 있어요. 당신의 가슴은 존재계와 더불어 고동치고 있어요."라는 말을 어떻게 믿을 수 있는가? 그런 말들은 믿지 못한다. 받아들이기에 너무한 것이다. 그대는 책망을 듣는 데 익숙해 있고, 벌 받는 데 익숙해 있으며, 거절당하는 데 익숙해 있다. 타인이 그대를 있는 그대로 받아들여 주는 데 익숙해 있지 않다.

사랑을 받아들일 수 있기 전에 그대는 철저한 변형의 과정을 통과해야 한다. 철저한 변형의 과정을 거치면 사랑은 그대에게 커다란 충격을 줄 것이다. 먼저 그대는 죄의식을 느끼지 않고 자신을 받아들일 수 있어야 한다. 기독교 등의 종교가 가르치는 것처럼 그대는 죄인이 아니다. 그대는 이 모든 것들의 어리석음을 깨닫지 못한다. 멀고 먼 과거 어느 날, 아담이라는 사람이 하나님에게 순종하지 않았다고 한다. 아담의 죄는 별로 대단한 게 아니다. 사실 신에게 순종하지 않은 아담이 옳았다.

죄를 지은 사람이 있다면 자신의 아들과 딸에게 지식의 나무와 생명의 나무의 열매를 못 먹게 한 하나님이다. 무슨 아버지가 그런가? 무슨 하나님이 그런가? 무슨 사랑이 그런가? 사랑의 하나님이라면 마땅히 이렇게 말했어야 한다.

"먼저 열매를 먹기 전에 이 두 나무를 잘 기억하라. 지식의 나무와 생명의 나무의 열매를 먹고 싶은 만큼 먹되, 이 열매들을 먹으면 나와 같이 영생할 수 있다는 사실을 잘 알라."

사랑이 있는 사람이라면 당연히 이렇게 말했을 것이다. 지식의 나무의 열매를 먹지 못하게 했다는 것은 아담이 무지하게 살기를 바랐다는 것을 뜻한다. 어쩌면 하나님은 아담이 지혜로워져서 자신과 동등하게 될까 봐 두려워했는지도 모른다. 하나님은 아담이 무지하게 살기를 바랐다. 그래야 아담이 자기보다 열등한 존재로 남아 있을 테니까 말이다.

지식의 나무와 생명의 나무의 열매를 금한 하나님은 정말 추하고 비인간적이며 시기하는 신이었음이 틀림없다. 죄를 지은 자가 있다면 그것은 기독교 하나님이었다. 그런데도 기독교와 유대교, 이슬람교는 '모든 인간은 아담이 저지른 원죄를 가지고 태어난다'라고 가르친다. 거짓말을 해도 한계가 있는 법이다. 태곳적 아담이 저지른 죄가 지금 그대에게도 있다? 이들 종교가 말하는 바는 '하나님이 인간을 창조했는데, 하나님의 자식들에게는 신성이 없고 아담과 이브의 원죄만 있다.'는 것이다. 이런 식으로 서양에서는 인간을 비하한다. '너는 죄인이다.'

동양도 전제가 다르긴 하지만 같은 결론을 내린다. 인간은 수많은 전생에 지은 업을 가지고 태어난다는 것이다. 동양의 업 사상에 비하면 서양의 죄는 아무것도 아니다. 아담과 이브가 지은 죄만 가지고 있으니 말이다. 원죄는 기나긴 세월이 지나면서 많이 희석되었을 것이다. 그대는 아담과 이브의 직접적인 자손도 아니다. 그리고 원죄는 수많은 조상의 손을 거치며 내려왔다. 그런 식으로 내려왔다면 지금쯤 원죄는 제로에 가까워졌을 것이다.

이에 비해 동양 사상은 훨씬 위험하다. 그대는 어떤 한 사람의 죄를 가지고 태어나지 않았다. 일차적으로 그대는 다른 사람의 죄를 물려받지 않는다. 그대의 아버지가 죄를 지었다고 해서 그대가 감옥에 들어가지는 않는다. 일반적인 상식에 비추어 보더라도 아버지가 죄를 지었다면 아버지가 벌을 받아야 한다. 할아버지가 살인을 했는데 손자가 교수대에 올라갈 수는 없는 노릇이다.

그렇지만 동양 사상은 훨씬 더 위험하고 해롭다. 그대는 아담과 이브의 죄가 아니라 자신의 죄를 가지고 간다. 그것은 아담의 원죄처럼 가볍지 않다. 생을 거듭하면서 눈덩이처럼 불어난다! 그대는 헤아릴 수 없을 만큼 많은 생을 살았다. 한 번의 생마다 수많은 죄를 지었다. 그런 죄들이 모두 그대의 가슴속에 쌓여 있다. 그 죄들은 히말라야만큼이나 무겁다. 죄의 무게에 그대는 짓눌린다.

이는 인간의 존엄성을 파괴하고, 그대를 인간 이하의 존재로 끌어내리려는 책략이다. 이런 상황 속에서 어떻게 자신을 사랑할 수 있는가? 그대는 자신을 사랑하는 게 아니라 미워한다. 그대가 자신을 미워하는데 누가 그대를 사랑한다고 생각할 수 있는가? 그러므로 차라리 사랑을 거부하는 편이 낫다. 머지않아 그대를 사랑하려던 사람은 그대의 추한 실체-생을 거듭하며 쌓아 온 죄업-를 발견하게 될 것이다. 그리고 그대를 거부할 것이다. 그러므로 상대에게 거절당하기 전에 상대의 사랑을 거절하는 편이 낫다. 그래서 사람들은 사랑을 쉽게 받아들이지 못한다.

사람들은 사랑받고 싶어 한다. 사랑을 갈망한다. 그러나 사랑이 찾아오면, 상대가 그대에게 사랑을 쏟아부으려고 하면 그대는 뒤로 물러선다. 여기에는 그만한 심리적 이유가 있다. '상대가 나를 사랑하다니 참으로 좋은 일이다. 하지만 이 사랑이 얼마나 갈까?' 그대는 두려워한다. '조만간 나의 본모습이 드러날 것이다. 그러니 처음부터 경계하는 편이 낫다.'

사랑은 친밀해지는 것을 뜻한다. 사랑은 두 사람이 가까워지는 것을 뜻한다. 사랑은 '하나의 영혼이 된 두 육체'를 뜻한다. 하지만 그대는 두려워한다. 그대의 영혼은? 무수한 생의 죄업으로 물든 영혼은? 이런 영혼은 숨기는 편이 낫다. 그대를 사랑하고 싶어 하는 상대가 그대의 본모습을 보고 거절하기 전에 끝내는 편이 낫다. 그대가 사랑을 받아들이지 못하는 것은 바로 거절에 대한 두려움 때문이다.

그대는 사랑이 충만한 존재로 태어났다는 사실을 아무도 말해 주지 않았다. 그래서 그대는 사랑을 주지 못한다. 사람들은 이렇게 가르친다. "너는 죄인으로 태어났다." 그래서 그대는 사랑을 주지도 받지도 못한다. 바로 이것이 그대가 성장할 수 있는 가능성을 저해하고 있다.

질문자는 "이제 주고받음이 뭔지 조금은 이해할 것 같습니다."라고 말한다. 그대는 복 받은 존재다. 세상에는 무수한 사람들이 윗세대가 주입한 조건화에 완전히 눈멀어 있다. 조건화된 것들이 너무 아프기 때문에 이들을 완전히 망각한 채 살려고 한다. 그러나 조건화는 잊는다고 해서 없어지는 것이 아니다.

암을 잊는다고 해서 암이 없어지지는 않는다. 있는 암을 없다고 하면, 즉 무의식의 어두운 곳에 감춰 두면 대단히 위험해진다. 그렇게 암을 방치하면 암이 커지다가 조만간 그대의 생명을 앗아갈 것이다. 이는 다른 누구의 책임도 아니다. 바로 그대의 책임이다.

그대가 이제 조금 이해하게 되었다면 또 다른 이해의 창들이 열릴 것이다. "그렇지만 받는 것은 죽음처럼 느껴집니다." 받는 것에 대해 생각해 본 일이 있는가? 받는 것은 죽음처럼 느껴질 것이다. 맞는 말이다. 받는 것이 죽음처럼 느껴지는 이유는 받는 것을 수치로 생각하기 때문이다. 상대에게서 뭔가를 받으면, 특히 그것이 사랑이라면 거지가 된 기분이 든다. 그래서 아무도 받는 쪽이 되고 싶어 하지 않는다. 받는 쪽에 있으면 열등감이 느껴지기 때문이다.

"받는 것은 죽음처럼 느껴집니다. 뭔가를 받아들이는 일을 생각하면 마음속에서는 비상이 걸립니다."

이런 마음은 그대가 존경해 마지않는 사회가 심어 준 것이요, 그대가 훌륭하다고 믿는 사람들이 심어 준 것이다. 그들이 의도적으로 그대를 해친다는 말은 아니다. 그들도 윗세대의 피해자들이다. 그들은 부모와 교사, 윗세대에게서 받은 것을 그대에게 전달했을 뿐이다.

한 세대는 다음 세대에게 질병과 같은 것들을 물려준다. 그래서 새로운 세대가 짊어져야 할 짐은 더욱 무거워진다. 그대는 모든 역사의 미신과 억압적인 사상을 유산으로 상속받았다. 마음속에서 비상이 걸리는 것은 본래의 그대 모습이 아니다. 비상이 걸리는 건 조건화된 마음이다. 질문자의 마지막 문장은 이를 합리화하고 있다. 이는 위험한 생각이다. 그대들 모두 이런 생각을 경계해야 한다.

합리화하지 마라. 문제의 본질 속으로 파고들라. 변명하지 마라. 변명을 하면 그대는 문제의 본질을 놓친다. 질문자의 마지막 문장은 자신을 합리화하고 있다. 문제의 본질을 보지 못했기 때문이리라. 질문한 여성은 이렇게 말했다.

"도와주십시오! 존재계는 너무나 거대한 것 같습니다."

질문자는 존재계가 너무나 거대해서 받는 것을 두려워하고 존재계가 너무나 거대해서 주는 것을 두려워한다고 생각한다. 왜 이슬방울처럼 작은 나의 사랑을 대양에게 주어야 하는가? 내가 사랑을 준다 해도 대양은 모를 것이다. 그렇다면 줄 필요도 없고 받을 필요도 없다. 대양은 너무나 거대하기 때문에 그대는 그 속에 잠기고 말 것이다. 그러므로 받는 일이 죽음처럼 느껴진다. 하지만 이는 합리화다.

그대는 존재계에 대해 아무것도 모른다. 그대에게 가장 가까운 존재인 자신에 대해 아무것도 모른다. 먼저 그대 자신에서부터 시작하라. 자신을 모르면 존재계를 결코 알 수 없다. 그대 자신이 출발점이다. 만사는 처음부터 차근차근 시작해야 하는 법이다.

먼저 그대 자신을 알라. 그러면 존재계를 알게 될 것이다. 그대 안에 있는 존재의 맛과 향기를 알 때 타인의 존재 속으로 들어갈 수 있는 용기가 생긴다. 그대 자신의 존재가 더없는 행복으로 넘치면 자연스럽게 자신의 주위에 있는 존재들-인간의 신비, 동물의 신비, 나무의 신비, 별들의 신비-속으로 들어가려는 바람이 생긴다.

자신의 존재를 알게 될 때 그대는 죽음을 두려워하지 않는다. 죽음은 허구다. 죽음은 없다. 있는 것처럼 보일 뿐이다. 자신의 죽음을 본 적이 있는가? 그대는 언제나 다른 사람이 죽는 모습을 보았다. 하지만 자신이 죽는 모습을 본 적은 없다. 사실 아무도 죽지 않는다. 생명의 정지는 불가능하다. 그대는 항상 다른 사람이 죽는 모습을 보지, 결코 자신이 죽는 모습을 보지 못한다.

어느 시인은 이렇게 노래했다.

"누구를 위하여 종이 울리는지 묻지 마라. 종은 그대를 위해 울린다."

이 시인은 삶을 깊이 이해하고 있다. 그는 기독교인이었던 것 같다. 기독교 마을에서 사람이 죽으면 농장이나 과수원 등 일터에 나간 사람들에게 알리기 위해 교회 종을 울린다. 교회 종을 울려서 사람이 죽었음을 알린다. 그리고 마을 사람들이 모여서 죽은 이에게 마지막 작별을 고한다.

이 시인의 직관은 참으로 뛰어나다.

"누구를 위하여 종이 울리는지 묻지 마라. 종은 그대를 위해 울린다."

현실에서 종은 결코 그대를 위해 울리지 않는다. 어느 날 종이 울리면 그대는 종소리를 듣지 못한다. 그대는 죽음의 문턱에 선 자신의 모습을 보지 못한다. 항상 다른 사람이 죽음의 문턱에 서 있는 모습을 볼 뿐이다. 그러므로 죽음의 경험은 객관적인 것이지 주관적인 것이 될 수 없다.

죽는 것처럼 보이는 타인도 진짜 죽지 않는다. 단지 집을 바꿀 뿐이다. 죽는 사람의 생명은 다른 형상으로 이동한다. 죽은 사람의 생명이 빠져나가면 육체는 빈껍데기로 남는다. 육체에는 생명이 없는 것이다.

이는 어두운 집에 촛불을 켜면 온 집 안이 밝아지는 것과 같다. 밖에서 창문을 통해 집 안을 보면 빛이 보인다. 그렇다고 집 자체에 빛이 있는 것은 아니다. 촛불이 꺼지면 집은 다시 어두워진다. 사실 집은 항상 어둠 속에 있다. 집 안을 밝힌 것은 촛불이었다.

그대의 육체는 이미 죽어 있다. 육체가 살아 있는 것처럼 보이는 이유는 그대의 생명 때문이다. 사람이 죽으면 뭔가 사라진다. 그대는 무엇이 어디로 사라졌는지 모른다. 어디로 갔는지, 아니면 완전히 없어졌는지 알 수 없다. 따라서 죽음이라는 허구는 밖에서 바라본 현상에 불과하다. 참나를 깨달은 사람은 자신이 영원한 존재임을 안다. 수없이 죽는다고 해도 자신의 생명이 살아 있음을 안다.

영혼의 위대한 순례에서 죽음과 탄생은 작은 삽화에 불과하다. 참나를 깨닫는 순간 죽음에 대한 두려움은 즉각 사라진다. 그리고 완전히 새로운 하늘이 열린다. 죽음이 없음을 깨달으면 모든 두려움이 사라진다. 미지에 대한 두려움이나 어둠에 대한 두려움이나……. 모든 종류의 두려움이 사라진다. 그리고 참된 여행을 시작한다. 그대를 감싸고 있는 신비의 세계로 떠난다.

존재계가 그대의 집이 된다. 두려워할 것이 없다. 존재계가 그대의 어머니다. 그대는 존재계의 부분이다. 존재계는 그대를 집어삼키지도 파괴하지도 않는다. 존재계를 알면 알수록 그대의 존재는 더욱 성장한다. 더 많은 축복이 쏟아진다. 그대의 존재는 더욱 확장된다. 그때 그대는 자신의 사랑을 줄 수 있다. 그때 그대는 사랑을 온전히 받을 수 있다.

그대의 질문은 다른 사람들에게 해당한다. 이런 질문을 해준 점에 대해, 그리고 대담하게 자신을 드러낸 점에 대해 나는 고맙게 생각한다. 다른 사람들도 이런 용기가 필요하다. 이런 용기가 없으면 변형의 가능성도 없다. 궁극의 실체와 더없는 행복으로 가는 새로운 세계와 새로운 의식, 참나의 세계로 변형될 수 있는 가능성이 없다.

'어떻게 타인과 친밀한 삶을 살 수 있느냐'는 질문에 대한 참된 답은 무엇입니까?

존재계를 알려면 그대는 존재론적이어야 한다. 존재론적이지 않은 사람은 생각의 차원에 머문다. 그는 과거에 살고 미래에 살지 결코 지금 여기에 살지 않는다. 존재계는 바로 지금 여기에 있다. 하지만 그대는 지금 여기에 있지 않다. 그래서 이런 질문을 한다. 존재계를 만난 적이 없으므로 이런 질문을 한다. 그대는 자신이 살고 있다고 생각하지만, 그대는 살고 있지 않다. 사랑한다고 생각하지만 진실로 사랑하지 않는다. 사랑에 대해 생각만 하고, 삶에 대해 생각만 하고, 존재계에 대해 생각만 한다. 그 생각이 장벽이다. 그래서 그대는 이런 질문을 한다. 생각을 내려놓고 보라. 그러면 단 하나의 질문도 떠오르지 않는다. 이미 답이 보이기 때문이다.

그래서 '구도는 답을 찾는 것이 아니다'라고 나는 거듭해서 강조한다. 우리는 인생의 답을 찾기 위해 구도하지 않는다. 구도란 의문을 내려놓고 밝은 마음으로 삶과 존재계를 보려는 것이다. 이것이 쉬랏다Shraddha, 즉 신뢰다. 의문 없는 마음으로 존재계를 바라보는 것, 이것이 쉬랏다의 가장 깊은 차원이다.

그냥 바라보라. 어떻게 바라볼까 생각하지 마라. 틀도 버리고 편견도 버리고 생각이나 철학, 종교도 버리고 맑은 눈으로 바라보라. 어린아이의 눈으로 존재계를 바라보라. 그러면 갑자기 답이 보일 것이다.

존재계에는 의문이 없다. 의문은 모두 그대에게서 나온다. 의문은 끊임없이 생긴다. 그대는 끊임없이 답들을 구할 수 있다. 하지만 그런 답들은 별 소용이 없다. 그대는 답을 극복해야 한다. 그러려면 모든 의문을 놓아야 한다. 마음에 의문이 없을 때 시야가 밝아진다. 지각이 밝아진다. 지각의 문들이 깨끗해진다. 그러면 갑자기 모든 것들이 투명하게 보인다. 사물의 속내들이 보인다. 어디를 보아도 대상의 중심까지 들여다보인다. 그러다가 어느 순간 참나를 발견하게 된다.

그대는 어디에서나 참나를 본다. 바위를 들여다보아도 참나가 보인다. 그때 관찰자는 피관찰자가 된다. 보는 사람은 보는 대상이 된다. 아는 사람은 아는 대상이 된다. 바위와 나무, 남자, 여자를 깊이 들여다보면, 계속 깊이 들여다보면 그 바라봄은 원을 형성한다. 바라봄이 그대에게서 출발하여 대상을 통과하고 난 다음, 다시 그대에게 돌아온다. 모든 것이 너무 투명해진다. 모든 장애가 사라진다. 빛이 대상을 투과하고 원을 형성하여 그대에게 다시 돌아온다.

그래서 우파니샤드Upanishad, 브라만교의 성전인 베다(Veda)의 일종, 만유의 근본원리를 탐구하여 대우주의 본체인 브라만(Brahman), 梵과 개인의 본질인 아트만(Atman), 我이 일체라고 하는 범아일여(梵我一如)의 관념론적 일원철학을 설한다_역주의 가장 위대한 구절은 이렇게 말한다.

"타트 트와마시 스웨타케투Tat Twamasi Swetaketu, 네가 그것이다."

원이 완성된다. 헌신자는 신과 하나가 된다. 구도자는 구도 대상과 하나가 된다. 묻는 자는 대답이 된다.

존재계에는 의문이 없다. 나는 존재계 안에서 오랫동안 살았지만 단 하나의 의문도 가져 보지 못했다. 그냥 존재 안에서 살 뿐이다. 그렇게 살면 삶은 그만의 아름다움을 드러낸다. 마음에는 의심이 떠오르지 않고 존재에는 의문이 생기지 않는다. 그리고 그대는 분리되지 않은 전체가 된다.

저자에 대해

오쇼의 가르침은 어떠한 틀로도 규정하기 힘들 만큼 다양한 주제를 다루고 있으며, 삶의 의미를 묻는 개인적인 문제에서부터 현대사회가 안고 있는 정치·사회적인 문제까지 거의 모든 주제를 망라한다. 오쇼의 책은 저자가 직접 저술한 것이 아니라, 근 35년 동안 다양한 국적의 청중들에게 들려준 즉흥적인 강의들을 오디오와 비디오로 기록하여 책으로 펴낸 것이다. 런던의 《선데이 타임스Sunday Times》는 오쇼를 '20세기를 빛낸 천 명의 위인들 중 한 명'으로 선정했으며, 미국의 작가 탐 로빈스Tom Robbins는 '예수 이후 가장 위험한 인물'로 오쇼를 평가하기도 했다.

자신이 해온 작업에 대해 오쇼는 신인류의 탄생을 돕고 있다고 표현했다. 그리고 그는 이러한 신인류를 종종 '조르바 더 붓다Zorba the Budda'라고 인물화시켰다. 그리스인 조르바처럼 세속적인 기쁨을 누리면서 고타마 붓다처럼 깊은 침묵을 즐기는 사람을 일컫는다.

오쇼가 해온 모든 작업을 한데 엮어 보면, 시간을 초월하는 동양의 지혜와 서양의 과학과 테크놀로지의 차원 높은 잠재력의 만남이라고 할 수 있다.

그는 또한 명상이라는 접근법을 통하여 내면의 변형에 혁명적인 공헌을 했다. 그가 개발해낸 독특한 동적 명상법들은 몸과 마음에 축적된 스트레스를 제거하도록 특별히 고안되었다. 그리하여 사념이 없는 상태, 전적인 이완만이 남아 있는 명상 상태를 체험하기가 수월해진다.

오쇼의 생애에 대해서는 『오쇼 라즈니쉬 자서전 — 길은 내 안에 있다Autobiography of a Spiritually Incorrect Mystic』와 『황금빛 추억 Glimpses of a Golden Childhood』에서 더 많은 정보를 얻을 수 있다.

오쇼 국제 명상 휴양지

오쇼 국제 명상 휴양지는 휴식과 놀이가 어우러지는 분위기 속에서 좀 더 깨어 있는 의식으로 새로운 삶의 방식을 체험해 볼 수 있는 명상 센터다. 오쇼 명상 휴양지는 인도 뭄바이Mumbai에서 남동쪽으로 160km 떨어진 푸네Pune에 위치하고 있으며, 해마다 전 세계 100여개 이상의 나라에서 찾아오는 수많은 방문객들에게 다양한 프로그램을 제공하고 있다. 본래 인도의 귀족층과 영국 식민시대의 고위층들을 위해 여름 휴양지로 개발된 푸네는 현재 유수의 대학들과 첨단 기술산업의 중심 도시로 눈부시게 성장하고 있으며, 명상 휴양지는 코레곤 파크Koregaon Park로 알려진 곳에 약 5만 평의 규모로 자리 잡고 있다.

휴양지 내에 최신 설비를 갖춘 게스트하우스가 들어서 있으나 수용인원의 한계로 제한된 숫자의 방문객들만이 이용할 수 있으며, 그 주변에도 방문객들의 숙박을 위한 수많은 호텔들이 있다. 또한 가까운 곳의 개인 아파트를 임대하여 짧게는 며칠, 길게는 몇 달까지도 머무를 수 있다.

오쇼가 말하는 '신인류'란 일상의 삶에 적극적으로 참여하는 동시에 명상과 침묵 속으로 릴랙스할 수 있는 사람이며, 휴양지에서 제공하는 모든 명상 프로그램은 이런 오쇼의 비전에 바탕을 두고 있다. 각종 프로그램들은 냉방 장치가 완비된 현대적인 시설 속에 진행되고 있으며, 다양한 종류의 개인 강좌와 수련 코스, 그룹 워크숍이 행해지는데, 여기에는 창조적인 예술 활동과 육체적·정신적 치료 요법, 테라피, 주술, 선禪을 도입한 스포츠와 레크리에이션, 인간관계의 개선 등 삶의 변화를 모색하는 다양한 방법들이 망라되어 있다. 개인 강좌와 그룹 워크숍은 일 년 내내 개설되어 매일 다양한 명상 프로그램에 참여할 수 있다.

휴양지 내의 노천 카페와 레스토랑에서는 전통적인 인도 음식과 다양한 국가별 음식들을 선보이고 있다. 모든 채소는 휴양지가 자체 소유한 농장에서 유기농법에 의해 재배되며, 휴양지 내에서는 자체 살균된 식수를 제공하고 있다. 좀 더 상세한 정보를 원할 경우 www.osho.com/resort를 방문하면 된다.

www.osho.com에 들어가면 더 자세한 정보를 얻을 수 있다. 이 웹사이트는 여러 나라의 언어로 번역되어 있으며, 잡지, 도서, 오디오, 비디오, 영어와 힌두어로 된 사이버 도서관, 그리고 오쇼의 명상법에 대해 다양한 정보를 제공한다. 또한 오쇼 멀티버시티Osho Multiversity에서 행해지는 명상 프로그램 일정과 오쇼 국제 명상 휴양지에 대한 다양한 정보를 얻을 수 있다.